Michael Vogler · WIR

Michael Vogler

WIR

Plädoyer für einen neuen Generationenvertrag

Edition Konturen

Wien · Hamburg

Für Gerti

Bildnachweis
Seite 12: Tizian, Allegorie der Zeit (um 1560)
The National Gallery, London – commons.wikimedia.org
Seite 15: Elefantenbulle, Amboseli-Nationalpark, Kenia 2013
Photo Richard Rhee – commons.wikimedia.org
Seite 27: Wolf aus dem Druid-Rudel, Yellowstone Nationalpark, 2000
Photo Doug Smith – commons.wikimedia.org
Seite 57: Die Westrosette der Kathedrale von Leon, Spanien (Ende
13. Jahrhundert)
Photo José Luiz Bernardes Ribeiro – commons.wikimedia.org
Seite 88: Der Waldrapp im Formationsflug
Waldrappteam, LIFE Northern Bald Ibis – www.waldrapp.eu
Seite 90: Das Rad der Lebensalter (um 1308)
Madonna-Meister, British Library – commons.wikimedia.org
Seite 91: Die Lebenstreppe des Menschen (um 1840)
Westfälischen Landesmuseum für Kunst und Kunstgeschichte, Münster.
commons.wikimedia.org

Wir legen Wert auf Diversität und Gleichbehandlung. Im Sinne einer
besseren Lesbarkeit der Texte werden manche Begriffe in der mas-
kulinen Schreibweise verwendet. Grundsätzlich beziehen sich diese
Begriffe auf beide Geschlechter.

Bibliografische Information der Deutschen Bibliothek
Die Deutsche Bibliothek verzeichnet diese Publikation in der Deut-
schen Nationalbibliografie, detaillierte bibliografische Daten sind im
Internet über http://dnb.ddb.de abrufbar.

Umschlaggestaltung: Georg Hauptfeld, dressed by Gerlinde Gruber.
Layout: Georg Hauptfeld
Lektorat: Christa Hanten

ISBN 978-3-902968-31-9

Druck: Druckerei Berger, 3580 Horn
Printed in Austria

Inhalt

1. Kein Grund zu verzweifeln

Die wahre Kraft der Welt liegt in der Solidarität.
Sergio Pirozzi, Bürgermeister von Amatrice,
ein Jahr nach der Zerstörung der mittelitalienischen Stadt
durch das Erdbeben vom 24. 8. 2016

Eines schrecklichen Tages, so erzählt eine Legende vom Amazonas, brach ein rie-siger Waldbrand aus. Mit ungeheurer Geschwindigkeit fraß sich das Feuer über Berge und durch Täler. Die Tiere des Waldes fühlten ihre Ohnmacht. Panik ergriff sie. Die größeren Tiere stoben in wilder Flucht davon, die kleineren erstarrten vor Schreck und richteten ihre entsetzten Blicke auf die sich nähernden Flammen. Ein-zig der Kolibri holte einen winzigen Tropfen Wasser, flog zurück und spuckte ihn ins Feuer. Da rief das Gürteltier: „Kolibri! Bist du verrückt geworden? Du glaubst doch nicht wirklich, dass du mit deinem Tröpfchen Wasser dieses Feuer löschen kannst?" „Ja, natürlich ist mir das klar", antwortete der Kolibri, „aber ich erfülle den Teil der Aufgabe, den ich übernehmen kann!"

Es ist meine feste Überzeugung, dass es immer einen Weg gibt. Die Erfahrung als Berater und Coach sagt mir, dass große Herausforderungen nur gemein-sam gelöst werden können. Das betrifft insbesondere das Zusammenspiel aller lebenden Generationen, denn die wertvollen Fähigkeiten und Qua-litäten jedes Lebensalters sind auf dem Weg in die Zukunft unverzichtbar. Idealerweise steuert die Phase des jungen Erwachsenen Energie und Verän-derungswillen zur gemeinsamen Entwicklung bei. Das mittlere Lebensalter bringt seine gewachsene Routine und die Kompetenz zur Koordination mit. Lebenserfahrung und Abgeklärtheit der Älteren fügen schließlich die nötige Weitsicht hinzu, um mittel- und langfristige Folgen von Handlungen und Denkmustern abschätzen zu können.

Eine gute Zukunft für alle kann nur in einer Gesellschaft entstehen, die alle ihre Stärken zur gemeinsamen Gestaltung der Zukunft zusammenführt. Leider ist das derzeit nur ein visionäres Ansinnen, wird die öffentliche Diskussion doch hauptsächlich von Phobien und verantwortungslos kurzfristigem Denken beherrscht. Es fehlen klare Visionen und Strategien, die dem Wohl der Gesellschaft dienen könnten. Wo man hinsieht, werden Visionen durch wildes Taktieren ersetzt. Doch das Dringende ist der Tod des Wichtigen. Hektisches Handeln verstellt den Blick auf das Wesentliche. Echte Bemühungen zur gemeinsamen Gestaltung einer gedeihlichen Zukunft lassen sich derzeit allenfalls in Spuren erkennen. So entsteht der Eindruck, die Gesellschaft taumle durch die Gegenwart und werde steuerlos herumgeworfen, wie ein Blatt im Sturm des Herbstes.

Dabei ist es gerade in einer Zeit des Umbruchs höchst an der Zeit, sich darauf zu besinnen, dass alle lebenden Generationen gemeinsam jenes Morgen erschaffen, in dem ihre Kinder und Enkel leben werden. Enkeltauglichkeit jedoch ist derzeit weder eine politische noch eine wirtschaftliche Kategorie.

Ich selbst gehöre der Generation der Babyboomer an. Wie viele meiner Generation bin ich erschüttert über die Leichtfertigkeit und Verantwortungslosigkeit, mit der seit Jahren Ängste geschürt werden. Fassungslos sehe ich, wie innerhalb weniger Jahre das Bild einer Welt im Niedergang geschaffen wurde. Es ist beklemmend zu beobachten, wie schnell sich Solidarität auflösen kann und wie allerorts mentale und reale Mauern hochgezogen werden.

Ich werde zornig, wenn ich sehe, was das bei unseren Kindern und Enkelkindern anrichtet und wie ihnen der Mut genommen wird. Als wäre das nicht schon schlimm genug, müssen die Jungen auch noch Vorwürfe und Beschuldigungen vieler Älterer über sich ergehen lassen. Sie wären desinteressiert, übernähmen keinerlei Verantwortung, seien faul und nur an ihrem Smartphone interessiert. „Generation Relax" werden sie genannt.

Viele Junge fühlen sich vollkommen zu Recht unverstanden. Wer genauer hinsieht, erkennt die großen Anstrengungen, die sie unternehmen, um ihren Weg in die Gesellschaft zu finden. Dabei suchen sie Orientierung, um die Anzahl ermüdender Umwege und Sackgassen klein zu halten. Sie fiebern nach einer Vorstellung davon, wie ihr Leben gelingen kann, trotz allem, was in der Welt vor sich geht. Aber sie bekommen viel zu wenige Antworten auf ihre Fragen.

Der Mangel an brauchbaren Leitlinien und die ständige Kritik verringern ihr Vertrauen in die Sinnhaftigkeit von Autoritäten, Strukturen und Organisationen. In dieser Situation ist ihre Tendenz, sich von bislang geltenden Vorstellungen zu lösen, eine gesunde Reaktion. Das gilt auch für ihre Bereitschaft, den Glauben an Autoritäten und alte Werthaltungen abzulegen.

Diese Abwendung schafft kurzfristige Befreiung, befriedigt aber nicht das Bedürfnis nach einer Perspektive, wo das alles hinführen soll. Stattdessen wächst der Wunsch nach Orientierung und Anerkennung. So ist die Generation der jungen Erwachsenen unablässig auf der Suche.

Erleichterung finden sie in gegenseitiger Bestätigung. Sie suchen mehr als die Generationen vor ihnen nach Gemeinsamkeit, doch das reicht nicht aus, um einen klaren Kurs zu finden. Nur zu oft bleibt ihre Suche nach einem solchen Kurs erfolglos, danach, was wesentlich ist in diesem Leben. Politische Karrieristen und hasardierende Geschäftemacher haben den Bedarf erkannt und wittern Beute.

Die Jüngeren zu unterstützen, wäre die angestammte Aufgabe der Älteren. Diese verharren jedoch zu großen Teilen in einer Art Schreckstarre. Ohnmächtig beobachten sie den Zusammenbruch ihrer Werthaltungen. Vernunft, Solidarität und Verbesserung des Lebens stehen immer noch im Mittelpunkt ihrer Überzeugungen. Eingeschüchtert fragen sie sich, ob sie sich geirrt haben.

Hinzu kommt, dass die Älteren in ihrem Leben viel zu wenig darüber erfahren haben, wie man in Umbruchzeiten Solidarität aufbaut. Noch weniger haben sie Kenntnis von der immensen Bedeutung, die Älteren bei Aufbau und Pflege solidarischer und konstruktiver Grundhaltungen zukommt. Viel zu wenig wissen sie über ihre Aufgabe im Zusammenspiel der Generationen. In ihrer Hilflosigkeit gegenüber den Herausforderungen, vor denen wir heute stehen, erliegen sie nur allzu oft der Versuchung, das Rad der Zeit zurückzudrehen. Mit immer schärferen und perfekteren Kontrollen versuchen sie, die historische Entwicklung aufzuhalten.

Doch gerade in einer Zeit, in der sich ein Weltbild überholt, ist das Zusammenspiel der Generationen von entscheidender Bedeutung.

Die Herstellung eines gedanklichen Deutungsrahmens, der nötige Weitblick sowie Förderung und Pflege des Miteinanders sind seit jeher der Verantwortungsbereich der Älteren. Erst Lebenserfahrung befähigt dazu, Folgewirkungen abzuschätzen. Wer schon viele Probleme gelöst hat und Moden vorbeiziehen sah, der muss nicht mehr jeder neuen Idee hinterherlaufen.

Leider bleiben wesentliche Fragen der Jüngeren unbeantwortet, wie etwa: Wer bin ich und was könnte meine Aufgabe im Leben sein? Welche sind meine realen menschlichen Grundbedürfnisse, jenseits aller Einflüsterungen?

Was brauche ich, um ein erfülltes Leben zu führen? Worauf muss ich meine Anstrengungen richten? Wie erkenne ich, wenn ich vom Weg abweiche?

Wie sehr dieses Feld brachliegt, beweisen verschiedene Untersuchungen über bestehende Werte bei Jüngeren. Regelmäßig zeigen solche Analysen, dass sich ihre größten Sehnsüchte auf das Miteinander in einer funktionierenden Gemeinschaft beziehen.

So beispielsweise die Studie „Generation What?", die von der Europäischen Rundfunkunion im Jahr 2016 durchgeführt wurde. Sie kommt zu dem Ergebnis, dass über 80 Prozent der Europäer zwischen 16 und 34 Jahren kein Vertrauen in die Politik haben. Auch andere Autoritäten, wie etwa Kirchen und Religionen, kommen schlecht weg (Generation What?). Die Sinus-Studie „Wie ticken Jugendliche?" (Calmbach 2016) bestätigt, dass sehr viele Jüngere von Existenz- und Zukunftsängsten geplagt werden. Das alte Ideal der Selbstverwirklichung verliert rasch an Bedeutung. Weitgehend gemeinsam ist jungen Menschen zudem das Gefühl der Ohnmacht und der fehlenden Wirksamkeit eigenen Handelns.

Dem gegenüber steht eine ungeheuer starke Sehnsucht nach Miteinander, gegenseitiger Unterstützung und Sicherheit in der Lebensführung. Wünschen wir uns das nicht alle? Wer würde nicht gerne in einer Welt leben, die solche Werte zumindest anstrebt?

Um diese Richtung einschlagen zu können, braucht es vor allem konstruktive Perspektiven. Diese entstehen nicht von selbst. Um die Zukunft gut gestalten zu können, ist die Zusammenarbeit aller lebenden Generationen unerlässlich. Dieses Zusammenspiel über Altersgrenzen hinweg zu entwickeln, gehört neben Umwelt und Migration zu den wichtigsten Herausforderungen unserer Zeit.

Dorthin zu kommen, ist nicht so schwierig, wie es zunächst scheinen mag. Allerdings muss man sich dafür der Stärken bewusst sein, die jedes Lebensalter mit sich bringt und – so wie der kleine Kolibri – den eigenen Beitrag leisten.

Das wäre ohne Zweifel vernünftig. Doch wie sind wir eigentlich in dieses pessimistische Weltbild geraten, das die Vernunft behindert? Was wäre wesentlich? Gibt es Vorbilder, die den Weg weisen können? Wie können unterschiedliche Generationen einander besser verstehen? Welche Qualitäten hat jedes Lebensalter und was können diese Fähigkeiten beitragen, um gemeinsam einen Weg zu Perspektiven und Gestaltungsfreude zu bauen?

Beginnen wir mit einigen wegweisenden Beispielen.

2. Von Meistern und alten Elefanten

Angst ist in Mode gekommen. Wie ein giftiger Qualm zieht sie durch das gesellschaftliche Zusammenleben und vernebelt den Blick darauf, dass es an uns ist, die Zukunft positiv zu gestalten.

Begleitet wird die Angst von Ratlosigkeit und dem Wunsch nach Vergeltung. Diese drei Reiterinnen der Apokalypse reißen den konstruktiven Grundkonsens der Gesellschaft in Stücke, sei es in Politik, Wirtschaft oder Bildung. Sie bewirken den Niedergang der Fähigkeit, miteinander zu sprechen. Brücken zu bauen, wird immer schwieriger. Anstatt Wege durch das Dickicht der Unsicherheit zu bahnen und gemeinsam um eine gute Zukunft zu ringen, fixiert sich der Blick auf die Vergangenheit und stellt Bewahrung und Verteidigung behaupteter Rechte in den Vordergrund.

Ist das der Untergang der Welt? Wird die Erde demnächst in einem Flammenmeer untergehen, wie das apokalyptische TV-Dokumentationen nahelegen? Oder rast ein Komet unaufhaltsam auf uns zu, wie es einst Johann Nestroy 1833 in seiner Posse Der böse Geist Lumpacivagabundus beschrieben hat:

Ein Komet reist ohne Unterlaß
Um am Firmament und hat kein' Paß;
Und jetzt richt' a so a Vagabund
Uns die Welt bei Butz und Stingel z'grund …

Fast könnten einen die grassierenden Befürchtungen und Ängste davon überzeugen, dass es nur noch abwärtsgeht. Licht am Ende des Tunnels ist kaum zu erkennen. Da liegt es doch nahe, dass jeder sich um sich selbst kümmert und versucht, seine eigenen Schäfchen ins Trockene zu bringen.

Manchmal sieht es so aus, als hätte jemand in einem voll besetzten Theater „Feuer!" geschrien. Alle rennen los. In panischem Chaos trampeln sie übereinander. Vernunft und Überlegung setzen aus. Jeder will nur noch hinaus. Ist die Herde erst einmal unterwegs, hält sie nichts mehr auf. Der Schaden ist riesig. Es gibt Verletzte und Tote. Aber brennt es wirklich? Niemand weiß es.

Wer von der Angst angesteckt ist, bekommt leicht das Gefühl, auf einer schiefen Ebene abzurutschen. Jeder kämpft für sich und gegen alle anderen. Klare Gedanken zu fassen, ist unmöglich. Reaktion ersetzt Reflexion. Nichts fährt die Intelligenz so wirksam herunter wie Angst und Panik.

Angst ist ansteckend. Das gilt auch für allgemeine Ängste, etwa vor Statusverlust oder sozialem Abstieg. Weil sie langsamer wirken als der Warnruf im Zuschauerraum des Theaters, existieren übergeordnete Strukturen, die dem Entstehen von Panik entgegenwirken können. Dazu gehört die Fähigkeit zu kooperieren. Sie ist ein wesentliches Element der Evolution.

Koordinierende Gruppenfunktionen haben sich in unserer Stammesgeschichte schon sehr früh herausgebildet, etwa in Form von Häuptlingen und geistigen Führern. Deren wichtigste Aufgabe ist es, die Gemeinschaft zusammenzuhalten und ihr eine gemeinsame Richtung zu geben. All dies ist uns durchaus bekannt und lässt sich auch heute noch in Sozialsystemen finden (Vogler 2012).

Eine dieser Gruppenfunktionen wurde bisher nur wenig beachtet. die Funktion der Lebensalter. In einer funktionierenden menschlichen Gemeinschaft hat jedes Lebensalter seine Aufgabe im Sinne des Ganzen. Das Zusammenspiel der Lebensalter sichert den Fortbestand von Gemeinschaften und bewahrt die Fähigkeit, das Leben konstruktiv zu gestalten.

Diesen Gedanken hat Tizian, der bedeutendste venezianische Maler des 16. Jahrhunderts, in seinem Bild „Allegorie der Zeit" verewigt. Die Bildinschrift lautet: „Aus den Erfahrungen der Vergangenheit agiert die Gegenwart mit Besonnenheit, um die Zukunft nicht zu gefährden." („Ex praeterito / praesens prudenter agit / ne futura actione deturpet.") Wolf, Löwe und Hund, die darunter zu sehen sind, stehen für Kraft, Besonnenheit und Weisheit. Tizian deutet hier an, dass alle drei Lebensalter ihre jeweiligen Stärken zusammenlegen und sich gegenseitig den Rücken freihalten sollen.

Die Lehre des alten Elefanten

Das Prinzip der Kooperation der drei Lebensalter findet sich nicht nur beim Menschen, sondern auch in der Tierwelt. Das zeigt eine Geschichte, die sich vor einigen Jahren Im Hluhluwe-iMfolozi-Nationalpark in Südafrika ereignet hat.

In den Zulu-Dörfern rund um den Hluhluwe-Fluss kann man immer noch von den jungen Elefanten hören, die wie Berserker gehaust hatten und nur knapp dem Abschuss durch die Ranger des Parks entgangen sind.

Die Geschichte beginnt damit, dass der Park ein Besuchermagnet ist. Safari-Touristen aus aller Welt wollen stets die „Big Five" vor die Linse ihrer Kameras bekommen. Das sind Nashorn, Büffel, Löwe, Leopard und Elefant. Aber im Hluhluwe-iMfolozi-Nationalpark gab es keine Elefanten. Also dachte man daran, eine eigene Herde aufzubauen.

Zu Beginn sollten, so der Plan, weiter oben im Norden einige junge, kräftige Männchen eingefangen und dann im Park freigelassen werden. Sobald sie sich eingewöhnt hätten, wollte man Weibchen bringen, um so eine neue Herde zu schaffen.

Allerdings hatte man die Rechnung ohne die Elefanten gemacht. Man hatte zu sehr darauf vertraut, dass die Dickhäuter bereits nach kurzer Zeit das tun würden, was man von Elefanten erwartet. Nämlich herumstehen, grasen und sich aus angemessener Entfernung geduldig fotografieren lassen.

Das erwies sich als fatale Fehleinschätzung. Denn die Elefanten wurden wild und unberechenbar. Dass sie eine große Menge Bäume ausrissen, war noch das geringste Übel. Sie töteten ein Nashorn, verletzten sich gegenseitig und griffen die Autos der Touristen an. Am beliebtesten waren weiße Autos.

Ein wütender Elefant ist nicht nur ein muskelbepackter Koloss von drei bis vier Tonnen Gewicht. Er ist auch hochintelligent und schnell wie ein Rennpferd.

Die Situation spitzte sich bald zu und die Ranger wollten schon ihr Experiment der Herdengründung aufgeben. Schweren Herzens entschlossen sie sich zum Abschuss der Tiere.

Doch einer von ihnen wollte noch nicht klein beigeben. Er hatte eine letzte Idee, um die Dickhäuter zu retten, und erwirkte einen Aufschub. Er sprang in seinen Jeep und fuhr in ein nahe gelegenes Zulu-Dorf, wo er bei den Ältesten vorstellig wurde. Dort schilderte er den Vorfall und fragte sie, ob sie helfen könnten.

Da fehle einfach ein Ältester, meinten diese.

Die Parkverwaltung ließ sich darauf ein. Schnell wurde ein alter Elefantenbulle herbeigeschafft. Es stand ja einiges auf dem Spiel. Man ließ ihn in der Nähe der jungen Bullen frei und erwartete, dass er den jungen Rowdys Manieren beibringen würde.

Aber nichts dergleichen geschah. Der alte Elefantenbulle schritt nur gemütlich von einem Grasbüschel zum nächsten. Die Jungen waren ihm vollkommen egal. Er war einfach nur da.

Dennoch geschah das Wunder und die jungen Elefanten beruhigten sich. Es dauerte gar nicht lange, da benahmen sie sich so, wie man es von Elefanten erwartet.

Die Park-Ranger waren verblüfft. Sie verstanden die Wirkung nicht. Also fuhren sie gemeinsam zu den Zulu-Ältesten. Sie sollten ihnen doch bitte erklären, was da geschehen sei.

Das sei doch ganz einfach, meinten diese. Den Jungen habe nur das Bild gefehlt, wie man sich als guter erwachsener Elefant benehme. Weil das Bild nicht vorhanden war, fehlte die Orientierung. So wurden sie unsicher, bekamen Angst und taten das, was ein kampfstarkes Tier, das keine Feinde kennt, sehr gut kann: präventiv angreifen. Sicher ist sicher!

Gegen ständige Verteidigungsbereitschaft und rastlose Aggression habe der alte Elefant eine einfache und attraktive Alternative verkörpert. Deshalb hätten sich die jungen Tiere an den erfahrenen Elefanten gehalten und es ihm gleichgetan. Wesentlich sei es, zu erkennen, dass Kraft und Neugier für das Lernen immer von den Jungen ausgehe. Die Alten würden das Bild bieten, an dem sich die Jungen orientieren können.

Unter Elefanten sind Älteste die Träger des Wissens über den Umgang mit Artgenossen und Umwelt, erklärten die alten Zulus weiter. Älteste sind Weisheitsspeicher. Sie sorgen für Kontinuität und Stabilität.

Dadurch, dass man die Jungen allein ausgesetzt hatte, waren Tradition und Kontinuität gebrochen worden. Den Jungen fehlte der Rückhalt. Solche Situationen würden unweigerlich zu großer Verunsicherung führen. Genau das war bei diesen jungen, neu angesiedelten Tieren der Fall gewesen.

Als das aufklärende Gespräch zwischen den Rangern und den Ältesten des Zulu-Dorfes zu Ende ging, wies der bejahrteste Zulu noch darauf hin, dass wir Menschen den Elefanten sehr ähnlich sind. Nur würde man das in der Welt der Weißen nicht beachten. Dadurch ginge sehr viel verloren. Auch wenn die abendländische Schriftkultur viel Wissen in Büchern konserviere, so meinte er, neige sie doch dazu, das Wesentliche aus dem Blickfeld zu verlieren. Dass nämlich Leben sich oft anders verhält, als es Büchern steht.

Menschen sind sozial lebende Säugetiere. Sie entwickeln innere Ruhe, wenn drei Lebensalter um sie sind, sagte der alte Zulu. Fehlt eines davon, egal welches, dann wird die Kontinuität unterbrochen. Für unser inneres Wesen – so nannte er es – bedeutet das Gefahr. Geht der Rückhalt verloren, reagieren Menschen alarmiert, werden orientierungslos und suchen verzweifelt nach Halt. Finden sie keinen, so neigen sie

zu aggressiven Reaktionen, die durchaus mit jenen der jungen Elefanten vergleichbar sind.

„Das Leben ist nicht so schwer!"

Fast jeder hat in seiner Schulzeit den einen oder anderen Lehrer erlebt, der Druck auf seine Schüler ausübte, mit Strafen und Versagen im späteren Leben drohte und schlechte Benotung dazu nutzte, einzelne Schüler bloßzustellen und vor der Klasse zu erniedrigen.

Ich kann mich sehr gut an Lehrer und Lehrerinnen erinnern, die schlecht benotete Arbeiten mit erkennbarem Genuss vor der ganzen Klasse zurückgaben und sie teilweise mit bösartigen persönlichen Kommentaren versahen. Solche Lehrer verbreiteten Angst und Stress. Mir jedenfalls vermittelten sie das Gefühl, dass es nahezu unmöglich sein würde, einigermaßen erfolgreich durchs Leben zu kommen, und dass ich es wohl niemals bis zum Abitur schaffen würde.

Doch es gab auch andere Lehrer. Bei ihnen gingen sogar unbeliebte Fächer plötzlich leicht von der Hand und machten Freude. Solche Pädagogen verstanden es auf geheimnisvolle Weise, wie aus dem Nichts Interesse und Begeisterung zu schaffen. Zuversicht entstand, wie von Zauberhand gelenkt. Bei solchen Lehrern entwickelte ich nach und nach eine Haltung, mit der ich Schule und Studium abschließen konnte. Sie gaben mir zudem Voraussetzungen für ein zufriedenes Leben mit.

Was machen diese guten Lehrer anders? Unterrichten sie etwas anderes als Mathematik, Geografie oder Latein?

Willi zum Beispiel unterrichtet an einem handwerklich orientierten Gymnasium. Er ist Tischlermeister und einer der Leiter der Tischlerei. Bei ihm kann man gleichzeitig mit dem Schulabschluss die Gesellenprüfung als Tischler ablegen. Er gilt weithin als „der coolste Lehrer" der ganzen Schule.

In der Klasse, deren Klassenlehrer er ist, verhalten sich die Schüler auffällig anders. Sie unterscheiden sich von den anderen durch ihre beeindruckend gute Laune und ihr Lachen. Sie wirken fröhlich und gelöst. In den Pausen bilden sie nicht die üblichen Grüppchen, sondern sitzen alle beieinander. Sie haben gemeinsame Themen und ihre Sprache kreist um das „Wir". Gemeinsame Erlebnisse, Ideen und Pläne sind Gegenstand ihrer Unterhaltung.

Obwohl Willi Lehrer ist, gehört er irgendwie dazu. Aber nur irgendwie. Denn es herrscht keine Kumpanei und Willi ist eine absolute Respektsperson.

So kommt es, dass weder die handwerklichen noch die schulischen Leistungen seiner Schüler zu wünschen übrig lassen. Die jungen Leute sind mit Begeisterung dabei. Sie sind überaus neugierig und zeigen ein hohes Maß an Eigenverantwortung. Willis Schüler sind dafür bekannt, dass sie nach der Schule den Start in ihr weiteres Leben ohne die geringste Furcht antreten. Das ist ungewöhnlich für heutige Jugendliche.

Was macht Tischlermeister Willi anders?

Wenn man ihn beobachtet, kann man beispielsweise sehen, dass er beim Ertönen der Pausenglocke seine Werkstatt häufig verlässt und durch das wilde Durcheinander der Schulklassen in den Gängen und am Hof streift. Hier und da wechselt der alte Lehrer lächelnd ein paar freundliche Worte mit Schülern.

Einmal, so berichtet eine seiner Schülerinnen, seien sie und ein paar Mitschüler angsterfüllt in der Pause herumgestanden. In der nächsten Stunde stand eine schwere Prüfung an und die Gruppe war nahe der Panik. Plötzlich stand Willi neben ihnen. Zuerst hörte er ein wenig zu, um zu erfahren, worum es ging. Dann sprach er legendäre Sätze, die seither in der ganzen Schule kolportiert werden: „Habt keine Angst! Das Leben ist nicht so schwer!" Dabei lächelte er und klopfte ihnen auf die Schulter.

Sein Lächeln wirkte ansteckend. Die Schülerin berichtet, das habe wie eine Absolution auf sie gewirkt. Auf einmal sah alles viel leichter aus. Die Verkrampfung löste sich, Gelassenheit entstand. Die Prüfung, so sagt sie, hätten dann alle geschafft.

Willi lehrt Zuversicht

Willi weiht seine Schüler in die Geheimnisse der Tischlerei ein. Das ist sein Beruf. Dafür wird er bezahlt. Aber eigentlich unterrichtet er etwas ganz anderes. Seine Hauptgegenstände sind Begeisterung, Gelassenheit und vor allem Zuversicht. Mit dem vorgeschriebenen Fächerkanon haben sie nichts zu tun.

„Mir geht es um eine gute Klassengemeinschaft und um Begeisterung. Gute Noten sind nur das Ergebnis dieser Arbeit. Prüfungen sind eigentlich sekundär. Die Jugendlichen sollen Freude haben, dann kommt die Leistung von ganz allein!"

Das ist Willis Lebenshaltung und drückt aus, wie er seine Verantwortung als Lehrer und Meister sieht. So kommt es, dass er im Ruf steht, einer zu sein, „der schaut, dass es dir gut geht", und der sich „um uns kümmert". Die Schüler vertrauen ihm fast blind und folgen seinen fachlichen Anweisungen wie von selbst. Disziplin entsteht mühelos. Ein solcher Lehrer hat den Griff in die Kiste disziplinarischer Maßnahmen nicht nötig.

Was diesen Lehrer zu etwas Besonderem macht, sind weder ausgefeilte Pädagogik noch trickreiche Lehrmethoden. Sein Erfolg ist das Ergebnis einer inneren Haltung. Er sieht sich nicht als Wissensvermittler, sondern als Ermöglicher. Als jemand, der – nach bestem Wissen und Gewissen – seinen Teil dazu beiträgt, dass die jungen Leute einmal ein glückliches, erfülltes und beruflich erfolgreiches Leben führen können.

Willi ist ein „Meister" im wahrsten Sinne des Wortes. Seine Wirkung bei seinen Schülern reicht weit über den Schulabschluss hinaus. Ehemalige Schüler, die selbst teilweise schon lange im Beruf stehen, sprechen liebevoll und dankbar von ihm. Ihre Berichte sind gekennzeichnet von Hochachtung und großem Respekt.

Die besondere Magie entsteht, weil Willi etwas für seine Schüler tut. Es geht ihm nicht darum, dass sie funktionieren. Kann einer etwas besser als er selbst, dann freut sich Willi aufrichtig. „MEISTER ist einer, der am MEISTEN lernt", sagt er immer. Für ihn hat das Werden seiner Schüler den höchsten Stellenwert. Das, was aus ihren Bemühungen hervorgeht.

Selbstlos ist er dabei nicht. Er selbst gibt zwei Gründe an für sein Verhalten. Zum einen, so meint er, mache man sich als Lehrer selbst das Leben leichter, wenn man dafür sorge, dass Schüler Ängste verlieren und Freude am Lernen entwickeln. Zum anderen „macht es mich stolz, wenn ich beobachte, wie sie weiterkommen". Sein eigener Aufwand bleibt dabei gering. Viel geringer jedenfalls als der jener Kollegen, die auf Druck setzen.

Etwas verlegen ergänzt er: „Wenn ich ganz ehrlich bin, muss ich zugeben, dass ich mich dabei nicht vergesse. Es gibt meinem eigenen Leben Sinn, wenn ich etwas in ihnen auf den Weg bringen kann. Dann lebt ein Stück von mir in ihrer Zuversicht und ihrem Mut fort. Mit ein bisschen Glück ihr ganzes Leben lang." „Nichts", so fügt er nach einem weiteren Zögern hinzu, „kann einem mehr Lebenssinn geben als das Wissen, jungen Menschen geholfen zu haben, ihren Weg zu finden. Es erfüllt mich jedes Mal mit Glück, wenn mir der Bau von Brücken gelingt, über die sie gehen können!"

Willi konzentriert sich auf das, was junge Menschen wirklich brauchen: Gemeinsamkeit, Aufgehoben-Seint, gegenseitige Anerkennung und Mut. Den dazu notwendigen Halt versucht er ihnen zu geben. Es geht nicht um Wissen, sondern um die Entwicklung einer besonderen Lebenshaltung und um die Fähigkeit, Verantwortung für andere zu übernehmen. Willi übernimmt Verantwortung dafür, dass diese jungen Leute in die Lage kommen, Verantwortung für sich selbst und für andere zu übernehmen.

Diese Haltung steht im diametralen Gegensatz zu Lehrern der Angst-Kategorie. Willi unterscheidet sich aber auch deutlich von jenen Lehrern, die sich selbst aufopfern, irgendwann verzweifeln und letztendlich im Burnout enden.

Willi ist seit Jahrzehnten Lehrer, steht kurz vor der Pension und ist nach wie vor eine kraftvolle Erscheinung. Der Beruf hat ihn nicht geschwächt, im Gegenteil. Das liegt daran, sagt er, dass er immer versucht, aus vorgefundenen Gegebenheiten eine bessere Zukunft zu machen. Achtung vor der Leistung der Schüler paart sich bei ihm mit der Bescheidenheit vor den eigenen Fähigkeiten.

Menschen wie er sind prädestiniert dafür, Brücken zwischen verschiedenen Ansichten und Standpunkten zu bauen. Stets ist ihr Blick auf Möglichkeiten gerichtet, um der Gegenwart eine positive und konstruktive Wendung zu geben. Ihre Besonderheit ist, dass sie die Welt als stetes Werden begreifen, als lebendigen Prozess der Entstehung. Sie richten ihre Aufmerksamkeit weniger auf die Dinge und auf das, was ist, sondern auf das, was diese Dinge oder Lebewesen tun und bewirken. Ihr Lebensthema ist das Wirkungsfeld, das jeden Menschen umgibt.

Für solche Menschen bedeutet das Werden selbst die höchste Schönheit. Darauf richten sie ihre Aufmerksamkeit und dafür leben sie. Nicht zuletzt deshalb sind sie Vorbilder, nicht zuletzt auch für den positiven Umgang mit eigenen Ängsten.

So einer ist Willi.

Menschen wie Willi sind etwas ganz Besonderes, denn niemand wird mit diesem Blick auf die Welt geboren. Der entwickelt sich erst langsam in einem schwierigen Prozess. Einfach nur alt zu sein, reicht nicht aus. Ein Leben lang neugierig gewesen zu sein und Wege gesucht zu haben, schafft hingegen günstige Voraussetzungen. Meist sind solche Menschen in ihrem Leben durch schwere Zeiten gegangen, die sie an ihre Grenzen gebracht haben. Dabei haben sie ihrem psychischen oder auch ihrem physischen Untergang die Stirn geboten, vielleicht sogar beidem. Sie haben nicht geklagt und aufgegeben, sondern gelernt, was wirklich relevant ist für ein gelungenes Leben.

Das heißt nicht, dass sie durch solche Erlebnisse andere Menschen geworden wären. Nach wie vor haben sie ganz normale Bedürfnisse. Aber sie sind an ihre Grenzen gelangt und haben schwierige Situationen überstanden. Das hat sie nicht unbedingt stärker gemacht, doch auf jeden Fall wissender. Denn sie haben am eigenen Leib erfahren, dass man schwierige Situationen überstehen kann.

In der Sprache ihrer Mythen sagten die Griechen, dass Persephone, die gleichzeitig Göttin der Unterwelt als auch der Fruchtbarkeit war, solche Menschen gelegentlich vom Rande der Unterwelt zu den Sterblichen zurückschickte. Überstandene Krisen hatten deren Blick auf das Wesentliche im Leben geschärft. Dabei gab sie ihnen den Auftrag mit, fortan das für das Leben Wesentliche unter den Menschen zu verbreiten (Kingsley 2000).

Aber Persephone spricht nicht zu jedem. Viele scheitern in Grenzsituationen oder ziehen die falschen Schlüsse. Menschen wie Willi jedoch konzentrieren sich auf das Gefüge an Wirkungen. Ihr Blick wendet sich den Beziehungen zu und der Gestaltung eines konstruktiven Miteinanders. Darauf richtet sich ihre gesamte Aufmerksamkeit. Vielen wird es sogar unmöglich, weiterhin in den normalen materiellen Kategorien zu denken, wie Rang, Ruhm und Reichtum.

Menschen, in denen dieses Feuer brennt, sind nicht so selten, wie man vielleicht annehmen könnte. Sie fallen nur nicht allzu sehr auf. Häufig ist ein solcherart fokussierter Blick bei Menschen zu finden, die schwere Krankheiten und Krisen überstanden haben. Denn wenn das Leben auf dem Spiel steht, konzentriert sich der Geist auf das Wesentliche. Etwas anders liegt der Fall bei Katharina, die sich alles andere gewünscht hätte, als Unternehmerin zu werden.

Katharina folgt den Wildgänsen

In einer strukturschwachen Gegend steht ein mittelgroßes Unternehmen, das Spezialprodukte herstellt. Im Lauf der Zeit war es in seiner Nische zum Weltmarktführer aufgestiegen. Trotz dieser Bedeutung arbeiten dort nur einige Dutzend männlicher Techniker.

Eines Tages erlitt Horst, der Eigentümer und Gründer, einen schweren Schlaganfall. Er überlebte zwar, wurde aber zum Pflegefall und konnte die Firma nicht mehr leiten. Für Katharina, seine Frau, brach eine Welt zusammen. Nichts war mehr so wie zuvor.

Dieses plötzliche Ereignis paralysierte auch die Organisation. Was sollte nun werden? Wie sollte es weitergehen? Zwar wäre es für die Techniker ein Leichtes gewesen, woanders Arbeit zu finden. Ernsthaft wollte aber keiner von ihnen fort, denn es ging ihnen gut und sie liebten ihr Leben auf dem Land.

Dennoch stand das Unternehmen vor dem Aus. Bank und Steuerberater rieten Katharina zum Verkauf. Niemand sah eine Möglichkeit, den bisherigen Erfolg fortzuführen.

Die Sorge war groß. In ihrer Verzweiflung erinnerte sich Katharina an einen Vortrag, den sie einmal gehört hatte. Darin war es um den Zug der Wildgänse gegangen und vor allem um die Flugformation, die diese großen Vögel zu unglaublichen Leistungen befähigt.

Wildgänse können ohne Pause enorme Strecken fliegen. Ihr Geheimnis ist die konsequente Teamarbeit. Bei ihren Fernflügen achten sie aufeinander und unterstützen sich gegenseitig. So bilden sie einen gemeinsamen Organismus, der mittels intensiver Interaktion zwischen allen Individuen funktioniert.

Das nahm sich Katharina zum Vorbild. Sie fasste sich ein Herz und beschloss, das Unternehmen allein weiterzuführen.

Die Bank war dadurch keineswegs beruhigt, denn Katharina war immer angestellt gewesen. Wie viele Ehefrauen von Unternehmern hatte sie jedoch nur gelegentlich in Buchhaltung und Sekretariat ausgeholfen. Über das Geschäft besaß sie weder ausreichende Kenntnisse, noch hatte sie eine Ahnung von Technik.

Wie sollte diese Frau also ein technisches Unternehmen mit weltweiten Kontakten führen können?

Man erklärte ihr, der Verkauf sei alternativlos. Darauf erwiderte sie nur, dass diese Ansicht äußerst fantasielos sei. Wege gebe es immer. Wer wolle, finde Wege, wer nicht, der finde Gründe. Aufgeben würde sie höchstens Briefe bei der Post, niemals aber ihr Unternehmen. Das sei sie auch ihrem erkrankten Mann schuldig.

Wieder zur Ruhe gekommen, stellte sie sich das Unternehmen mit allen Mitarbeitern wie einen Flug reisender Gänse vor. Dabei entdeckte sie, dass ein Platz noch unbesetzt war. Es fehlte eine Person auf der Reise, die sich um das Miteinander kümmern würde. Jemand, der es sich zur Aufgabe machte, auf Zusammenhalt, Miteinander und wechselseitige Unterstützung zu achten, damit der Flug in die Zukunft gelingen könnte. Das wollte sie zum Kern ihrer Aufgabe als Chefin machen.

So versammelte sie die Belegschaft und sprach offen von ihren Absichten. Sie flocht ihre Überzeugung ein, dass Unternehmen und Arbeitsplätze gemeinsam erhalten werden könnten. Mit dem Satz „Wenn überhaupt jemand das schafft, dann sind wir das!" schloss sie ihre Rede.

Obwohl einige Mitarbeiter bereits Angebote in der Tasche hatten, verließ kein einziger das Unternehmen. Schnell übernahm jeder von ihnen viel mehr Verantwortung, als er es bisher gewohnt gewesen war. Entscheidungen trafen die Techniker von nun an gemeinsam.

Katharina konzentrierte sich auf die Kultur des Unternehmens. Sie achtete darauf, dass ein stabiles und von Stolz und Begeisterung getragenes Wir entstand.

Das Unternehmen besteht bis heute. Trotz aller anfänglichen Widrigkeiten wurde es erfolgreicher als jemals zuvor. Katharina ist stolz auf jeden ihrer Mitarbeiter und auf die Art, wie sie gemeinsam jede auftretende Frage und jedes Problem lösen.

Für die Techniker änderte sich dadurch alles. Waren sie früher nur stolz auf ihre technischen Fähigkeiten gewesen, lernten sie jetzt, ein Unternehmen gemeinsam zu führen. Sie traten auch nach außen auf und bewiesen sich auf diese Weise selbst, welche enorme Wirkung sie entfalten können.

Gemeinsam mit ihrer neuen Chefin erfuhren sie persönliches Wachstum und schufen ein inspirierendes Miteinander. Das Gefühl der Selbstwirksamkeit, so der psychologische Fachbegriff, stieg enorm.

Ebenso wie Willi vermittelt Katharina Zuversicht. Auch sie betrachtet das als ihre eigentliche Arbeit. Ihre Lehrmeisterin auf diesem Weg, so meint sie, sei nicht etwa ein Mensch gewesen, sondern die tiefe persönliche Krise, die sie zunächst zu überstehen hatte.

Menschen brauchen diese Zuversicht. Damit sie sich verbreiten kann, braucht es Menschen, die sie verkörpern, so wie Willi und Katharina.

Die Wiedergeburt des Mentors

Indem Katharina und Willi sich darum kümmerten, Zuversicht, Halt und Gemeinsamkeit um sich herum entstehen zu lassen, übernahmen sie eine für jedes soziale System enorm wichtige Funktion: die des Mentors.

Der Unterschied zum alten Elefantenbullen in der Geschichte aus dem Hluhluwe-iMfolozi-Nationalpark besteht darin, dass sich Katharina und Willi die Entwicklung sozialen Miteinanders bewusst zum Ziel gesetzt hatten. Sie machten gute Arbeit, denn die vorsätzlich erzeugte Wirkung glich jener des alten Elefanten. Angst wich der Zuversicht, Stolz und Begeisterung hielten Einzug.

In einem späteren Interview, das auf der Grundlage der wundersamen Elefantenberuhigung entstand, erklärte einer der alten Zulus die Bedeutung der Ältesten unter Menschen:

Zu altern, so erklärte er, heiße besonnen und klug zu handeln, zu wissen, wie man Gefahren vermeidet, und sein Wissen in den Dienst der Gemeinschaft zu stellen.

„Ein Ältester ist jemand, der versteht und verstanden wird. Nicht nur durch das, was er sagt, sondern durch das, was er tut und wie er lebt. Ein Ältester gibt das, was er weiß und als richtig verstanden hat, an die Menschen weiter, damit das Leben weiterläuft und einfacher wird. Er muss akzeptieren können und akzeptiert werden. Das geschieht, wenn er sein Leben richtig lebt. Dann erkennt man ihn als eine Person, die Samen in die Herzen der Jüngeren pflanzt."

In den industrialisierten Gesellschaften verwenden wir den Begriff des „Ältesten" nicht mehr. Unter all dem zivilisatorischen Überbau schlummert jedoch unverändert die Bedeutung dieser uralten Institution.

Älteste sind sozusagen menschliche „alte Elefanten". Sie dienen sowohl der Zukunft des Einzelnen als auch der Zukunftsfähigkeit der Gemeinschaft. Unabhängig davon, ob sie absichtsvoll vorgehen oder von einem inneren Anliegen getrieben werden.

In der Kultur der Zulus ist die Funktion des Ältesten eingebettet in Leben und Kultur des Volkes. Bei uns ist das nicht mehr der Fall. Wir verlassen uns in unserer Kultur lieber auf Wissenschaft und lineare Vorstellungen einfacher Zusammenhänge von Ursache und Wirkung.

Doch bis vor gar nicht so langer Zeit kannte man auch bei uns die hoch angesehene Funktion des Ältesten. Viele Märchen und Sagen enthalten dieses Element. Man denke nur an Trevrizent, den Einsiedler in der Parzival-Erzählung, der den jungen Ritter in Dialoge verwickelt und ihm dadurch die Möglichkeit eröffnet, vom vollkommenen Toren zu einem vollwertigen und geachteten Ritter zu werden.

Der Begriff des Mentors stammt aus der griechischen Ilias. Mentor war der Lehrer von Telemachos, dem Sohn von Odysseus. In der Welt der Sagen und mythologischen Erzählungen verhelfen Mentoren dem Helden zu Motivation und Inspiration. Sie liefern ihm auch Erklärungen zu Situationen, die er anfangs nicht versteht und die ihm erlauben, Zusammenhänge zu erkennen und sich dem Abenteuer zu stellen. Sie bringen Saiten zum Klingen, die noch unerkannt im Helden schlummern, die er aber für seinen Weg unbedingt benötigt. Sie helfen ihm, Dinge zu erkennen, die relevant sind.

Solche Mentoren sind manchmal trickreich, üben jedoch niemals Zwang aus. Ihr Rat und ihre Lehren sind wie Samenkörner, die im Herzen des Helden keimen.

In unserem Alltag sind der Mentor und seine Funktion beinahe vergessen. Lange Zeit fristete er nur eine Restexistenz in Literatur und Film. Gerade die Filmindustrie hat aber ein sehr feines Sensorium für tiefste Bedürfnisse des Menschen entwickelt. Deshalb taucht die Figur des Mentors dort häufig auf. Man denke nur an Meister Yoda aus dem „Krieg der Sterne", an die Gouvernante „Mary Poppins", an den Ausbilder Emil Foley aus „Ein Offizier und Gentleman". Typisch ist auch der Lehrer John Keating in „Der Club der toten Dichter" und sein weibliches Pendant Katherine Watson in „Mona Lisas Lächeln". In diese Kategorie gehören auch Miraculix, der im Dorf von „Asterix" diese Position einnimmt, oder die Fee, die nie müde wird, um „Pinocchio" auf den rechten Weg zu führen.

Wir haben es hier mit einem Archetypus zu tun. Mit einer Figur also, die einer Grundstruktur menschlicher Vorstellungs- und Handlungsmuster entspricht. Diese Grundstrukturen sind unabhängig von Kultur oder Religion. Sie existieren in ähnlicher Form auf der ganzen Welt.

In den letzten Jahren scheint der Mentor seinen Rückzugsort langsam zu verlassen und gesellschaftliche Relevanz zurückzugewinnen. Eine Veränderung ist zu beobachten, die auf eine Wiederbelebung seiner Funktion im realen Leben hindeutet.

Noch vor wenigen Jahrzehnten galt die Regel: „Trau keinem über dreißig!" Ein paar weiße Haare auf dem Kopf genügten, um in die Kategorie des „alten Knackers" eingereiht zu werden. Ältere Leute galten weithin als brummig, unleidlich und erstarrt. Was sie sagten, wurde nicht wirklich ernst genommen. Das zeigte sich sehr deutlich in den großen Jugendkulturen der 1970er- und 1980er-Jahre. Da grenzte man sich ab gegen die Welt der Eltern und protestierte lautstark, bisweilen auch aggressiv.

Heute zeigt sich ein anderes Bild. Eine wachsende Zahl von Älteren erzählt, dass Jüngere das Gespräch mit ihnen geradezu suchen. So berichtet etwa ein älterer Seminarteilnehmer von einer Entdeckung, die er machte, als ihm ein junger Mann aus der Start-up-Szene seine Erfolgsstory schilderte. „Ich verstehe nichts von EDV und IT. Eigentlich verstand ich kein Wort", sagte der Fünfundfünfzigjährige. „Ich konnte ihn deshalb nicht einmal unterbrechen. Plötzlich aber war mir klar, dass der junge Mann gar nicht mit mir diskutieren wollte. Es ging ihm nur darum, Bestätigung und Anerkennung von mir zu erhalten!"

Andere aus dieser Gruppe von Älteren ergriffen das Wort und erzählten von der Anerkennung, die sie immer wieder von Jüngeren für ihr Wissen erfuhren. Manche konnten berichten, dass ihnen sogar für ihre „Weisheit" gedankt worden sei. Alle waren einig, dass sie selbst in den 1970er-Jahren Älteren niemals ein solches Maß an Anerkennung hätten zuteilwerden lassen.

Anerkennung erhalten Ältere vor allem dann, wenn sie etwas sagen, was den Jüngeren unmittelbar weiterhilft. Nicht in einem technischen oder wirtschaftlichen Sinne, sondern wenn Jüngere Bestätigung, Sicherheit und Kraft erhalten.

Die erwähnte Sinus-Studie bietet dazu Interessantes. Dort kann man lesen, dass die Altersgruppe zwischen 14 und 17 Jahren gerade in der heutigen Zeit mehrheitlich einen gemeinsamen Kanon von Freiheit, Aufklärung, Toleranz und sozialen Werten für wichtig hält. Anders, so die Meinung dieser Jugendlichen, sei das gute Leben, das man in Deutschland genieße, nicht aufrechtzuerhalten. Es herrscht außerdem große Sehnsucht nach Aufgehoben- und Akzeptiert-Sein, Geborgenheit und Halt. Provokante Subkulturen gibt es hingegen kaum noch.

Üblicherweise wird das als Sehnsucht der Jugend nach einem neuen Biedermeier oder gar einem Schlaraffenland gelesen. Man kann es aber auch dahingehend verstehen, dass die große Mehrzahl der jungen Leute Fragen stellt, die nicht oder nur ungenügend beantwortet werden. Eigentlich geht es dabei nur um eine einzige Frage: Was ist relevant in diesem Leben?

Die Jungen suchen aktiv nach Wegen, wie ihr Leben gelingen könnte. Sie verlangen Hinweise, wie sie ihr Leben sinnvoll gestalten können, und wollen wissen, was dafür wesentlich ist. Dahinter verbirgt sich die Sehnsucht nach Mentoren, nach Menschen, die wie Trevrizent, Meister Yoda und Katherine Watson in der Lage sind, Leitgedanken zu vermitteln, ohne zu bevormunden. Menschen also, die aufgrund ihrer Lebenserfahrung Orientierung geben können.

Viele Ältere erkennen diese vitale Frage nicht. Sie sehen zwar, dass die Jungen mitunter – aus ihrer Sicht – seltsame Dinge tun. Aber sie verstehen nicht, dass damit eine Aufforderung verbunden ist. So bleiben sie im Unverständnis stecken und klagen darüber, dass die Jugend nur an Freizeit und Wellness interessiert sei, obwohl sie es besser wissen müsste. Sie sehen mit Geringschätzung auf eine Jugend herab, die sich weigert, ihrem Beispiel zu folgen. Diese Denkhaltung zwingt die Jungen in eine unterlegene Position. Sie entwürdigt sie und ihre Mühen, den eigenen Weg zu finden.

Gerade in Zeiten des massiven Umbruchs, wie wir ihn gerade erleben, ist die Attitüde seniorialer Überheblichkeit nicht nur unsinnig. Sich im Besitz des einzig richtigen Weges zu wähnen, ist eine gefährliche Anmaßung. Denn der Glaube, im Besitz einer Wahrheit zu sein, führt zu Dogmatismus und Ineffizienz. Unter ihm ersticken Weiterentwicklung und Innovation. Ideen, Fantasie und Motivation bleiben auf der Strecke.

Weit besser und für alle hilfreicher wäre es, aufeinander zuzugehen, einander zuzuhören, sich auf Augenhöhe zu begegnen und sich gegenseitig den Rücken freizuhalten. Genau wie es das Gemälde von Tizian zeigt.

Der Grauwolf und die Weisheit

Welche Bedeutung Mentoren für das gedeihliche Fortkommen einer Gemeinschaft haben, wurde bisher von der Wissenschaft weitgehend übersehen. Solange, bis sich Kira Cassidy, eine junge Biologin von der University of Minnesota, dieser Frage stellte. Sie interessierte sich insbesondere für das Territorialverhalten von Wölfen, die Entwicklung ihrer Rudelgemeinschaft und vor allem für den unterschiedlichen Wert, den das Individuum in Gemeinschaften sozial lebender Tiere wie Wölfen hat. Vor allem wollte sie erfahren, wie die Zusammensetzung einer Gruppe deren Überlebensfähigkeit beeinflusst.

Bis zu diesem Zeitpunkt waren Gruppen, Rudel, Meuten und Rotten aus der Tierwelt eher in ihrer Gesamtheit betrachtet worden. Individuelle

Beobachtungen waren eher anekdotenhaft geblieben und weisen wenig Zusammenhang auf. Von den Grauwölfen war nur bekannt, das 65 % ihr Leben in Territorialkämpfen mit anderen Rudeln lassen, aber nur 13 % bei Jagdunfällen.

In Cassidy's Projekt im Yellowstone Nationalpark wurden über Jahre hinweg 33 verschiedene Rudel und 292 solcher Kämpfe beobachtet. Dabei wurde nicht nur die Rudelgröße registriert, sondern auch die Zusammensetzung der Rudel nach Alter und Geschlecht, Ort der Auseinandersetzung, Dauer und Art des Kampfes und eine Reihe weiterer Faktoren.

Das Ergebnis überraschte selbst die Forscher. Denn es stellte sich heraus, das der wichtigste Faktor für einen Sieg das Vorhandensein eines alten Individuums in den eigenen Reihen darstellt.

In Auseinandersetzungen ist grundsätzlich die Größe eines Rudels für einen Sieg entscheidend. Treten zwei gleich große Rudel gegeneinander an, so sind die Siegeschancen fifty-fifty. Ist ein Rudel um nur ein Individuum größer, so steigert sich dessen Wahrscheinlichkeit zu siegen auf 65 %. Dass sich zahlenmäßige Überlegenheit vorteilhaft auswirkt, ist wenig überraschend.

Interessant wurde es für die Forscher, als sie feststellten, dass ein altes Rudelmitglied (d. h. älter als sechs Jahre) die Wahrscheinlichkeit des Sieges bei gleicher Rudelgröße auf 74 % erhöht. Ein einziger alter Wolf über-kompensiert also zahlenmäßige Überlegenheit. Bei zwei alten Wölfen im eigenen Rudel steigt die Siegeschance gar auf fast 88 %. Die körperliche Verfassung des alten Wolfs ist nur von minderer Bedeutung, solange er bei er Auseinandersetzung anwesend ist. Selbst leicht beeinträchtigende Verletzungen spielen keine Rolle.

Das stellte bisherige Annahmen auf den Kopf. Denn bis dahin war man von der Bedeutung körperlicher Kraft in Kämpfen ausgegangen. Diese Forschungsarbeit widerlegte diese Grundannahme in dramatischer Weise und belegte das mit umfassendem Zahlenmaterial (Cassidy 2015). In ihrer Arbeit hatte sich Kira Cassidy auf Territorialkämpfe konzentriert. Sie weist aber nachdrücklich darauf hin, dass es keinen Grund zu der Annahme gibt, dass nicht dasselbe Prinzip auch beim Jagderfolg oder beim Erfolg der Reproduktion gelten würde.

Fundierte Beobachtungen an weiteren sozial lebenden Säugetieren, wie Killerwalen, Elefanten und japanischen Makaken, bestätigen die Ergebnisse und legen ebenfalls nahe, dass die Bedeutung der Älteren in sozialen Systemen ein universelles Phänomen ist. Alte sind der wertvollste Weisheitsspeicher, denn ihre Erfahrung sagt ihnen nicht nur welche Kämpfe man annehmen kann und welche man vermeiden sollte, sie halten auch Rudel und Gruppen zusammen, sind Vorbilder für Gemeinschaft, Wert

schätzung und Familiensinn, sie wissen auch dann noch, wo Wasser und Futter zu finden sind, wenn beides knapp wird, wie man seinen Nachwuchs am besten durchbringt und vieles andere mehr.

Neben diesem Erfahrungswissen haben sie im Laufe ihres Lebens besondere soziale Kompetenzen entwickelt. Sie sind erfahren in Sachen Wirkung und Führung und steigern die Überlebensfähigkeit der Gemeinschaft, indem sie den anderen Sicherheit und Gelassenheit vermitteln.

All dies wird durch langes Leben erworben. Ändern sich Umwelten, so ändert sich zwar die Grundlage für Wissen. Neues Wissen muss erworben werden. Dafür, wie eine Gruppe auch in Turbulenzen gelassen – und damit überlebensfähig – bleiben kann, braucht es aber den Erfahrungsschatz der Älteren.

Dieses Prinzip gilt für den Homo Sapiens in gleicher Weise. Der Respekt vor der in Älteren beheimateten Erfahrung ist deshalb in nahezu allen menschlichen Kulturen der Normalfall. Mit Ausnahme der modernen westlichen Kultur. Tendiert doch diese zunehmend dazu, sich auf Wissensspeicher und Schrift zu verlassen. Verschriftlichtes Wissen hat jedoch eine andere Charakteristik. Es überdauert zwar die Zeit und bleibt stabiler. Gerade dadurch aber hat es eine geringere Elastizität gegenüber schnellen Veränderungen. Das kann in Zeiten des Umbruchs zum Problem werden.

Hinzu kommt, dass im geltenden Welt- und Menschenbild der modernen Industriegesellschaft die Identität des Menschen an seinen individuellen Karriereerfolg gekoppelt ist. Erzeugter Nutzen für die Gemeinschaft wird hingegen gering geachtet. Vinod Khosla, einer der bedeutendsten Wagniskapitalgeber in Silicon Valley, verstieg sich gar zu der Aussage: „Menschen jünger als 35 Jahre sind die, die verändern. Menschen über 45 sind quasi tot, was neue Ideen betrifft." (Meyer 2016)

Kira Cassidy widerspricht dieser Ansicht vehement. Ihre Forschungsergebnisse zeigen deutlich, dass eine Gesellschaft sich selbst um ihre Anpassungsfähigkeit bringt, wenn sie die Erfahrung des Alters nicht schätzt. „Die Pensionierung", so Kira Cassidy, „ist zu einem Synonym für das Ende des gesellschaftlichen Wertes eines Menschen geworden. Wir sollten uns viel eher an die Wölfe halten und zurückfinden zu einer Haltung der Ehrfurcht vor dem Alter" und dem über die Lebenszeit erworbenen Wissen.

Damit das funktionieren kann, müssen auf der anderen Seite aber auch die Älteren ihren Teil übernehmen. Sie müssen selbst den Wert erkennen, den sie mit ihrem Erfahrungsschatz für die Gesellschaft besitzen und aktiv die damit verbundene soziale Verantwortung übernehmen. Dies in geeigneter Weise zu tun, würde sie zu wertvollen Ratgebern der Jüngeren machen.

3. Auf der Suche nach dem Wesentlichen

Verwirrung

Politik und Gesellschaft befinden sich derzeit in einer Identitätskrise. In kaum einem Bereich der Gesellschaft bekommt man den Eindruck von Klarheit über den zu beschreitenden Weg. Zwar wird unablässig optimiert und angepasst, doch es lässt sich nicht mehr verbergen, dass dahinter weder Vision noch Strategie stecken.

Es ist nicht klar, wohin die Reise gehen soll. Doch um Handlungen auf ihren Sinngehalt prüfen zu können, muss man zuerst wissen, wohin es gehen soll. Seneca sagte, dass nur dem günstige Winde wehen können, der weiß, wohin er will. Das Urteil muss der Absicht folgen. Andersherum ist orientierungsloses Geflatter die Folge. Beispiele dafür liefert die aktuelle Situation in großer Fülle. Weder in der Politik noch in der Wirtschaft oder in irgendeinem anderen Bereich der Gesellschaft sind derzeit konturierte Visionen zu erkennen. Konsequent unbeantwortet bleibt die Frage, warum wir etwas tun und wohin es uns bringen soll. Stattdessen gibt es rhetorische Waffen in Form von Worthülsen, die kaum Inhalte vermitteln.

Zu dieser Kategorie gehören Begriffe wie „Wachstum", „Wettbewerb" oder „Einsparung". Keiner davon hat einen klaren Inhalt. Jedenfalls nicht in den Zusammenhängen, in denen sie im öffentlichen Diskurs benutzt werden. Sie stammen ursprünglich aus Sport, Biologie oder sonst woher. Andere Begriffe, wie etwa „alternativlos", wurden neu erfunden und enthüllen eher die Denkfaulheit des Anwenders, als reale Aussichtslosigkeit zu beschreiben.

Der Sinn solcher Floskeln ist, jede Diskussion zu unterbinden. Sie sind rhetorische Waffen, die andere mundtot machen sollen. Den Handelnden ist wohl bewusst, dass sich aus der Vortäuschung kognitiver Bedeutungsrahmen mehr Kapital schlagen lässt als mit echten Fakten.

Kognitions-, Neuro- und Sprachwissenschaft sind längst weitgehend darin einig, dass der Anteil des bewussten Verstandes am gesamten Denkprozess nur ein bis zwei Prozent eines Denk- und Entscheidungsprozesses ausmacht, meint beispielsweise Elisabeth Wehling (2016).

Hören wir Begriffe wie „Flüchtlingskrise", „Fake News", „Katastrophe" oder „Missbrauch", so glaubt der vorbewusste Teil unseres Gehirns automatisch, diesen Wörtern müsse eine Realität entsprechen. Emotional besetzte Begriffe wirken wie Gewissheiten (Lakov, Wehling 2016).

Aber es sind nur emotionale Köder, die im Gewand sogenannter „Hochwertwörter" daherkommen. Die Wirklichkeit stellt sich vielfach ganz anders dar. Ob und wie viel wirklich gespart wird, ist äußerst fraglich. Das beschworene Wachstum landet bei einigen wenigen. Und Alternativlosigkeit bedeutet in der Psychologie einfach nur Mangel an Intelligenz.

Wie Leimruten werden uns Worte entgegengehalten. Wer daran kleben bleibt, kommt nur schwer wieder davon los. Es fällt uns viel leichter, einmal akzeptierte Begriffskonstruktionen zu verteidigen, als zuzugeben, dass wir uns geirrt haben. So stapelt sich in der Verteidigung Begründung auf Begründung. Je öfter das geschieht, umso eher ähnelt die Simulation psychologisch einer Wahrheit.

Die Auswirkungen dieses Phänomens verwirren uns heute zunehmend. Wir alle sind eingeklemmt zwischen Sprachbildern der Beschuldigung, der Ausgrenzung und des Kampfes auf der einen Seite, während wir uns als Menschen nach Ruhe, Frieden und Zufriedenheit sehnen. Diese Dissonanz bewirkt Orientierungslosigkeit und Furcht. Diese sind schmerzhaft und öffnen starken und unreflektierten Worten Tür und Tor.

Auf der Strecke bleibt dabei das Vertrauen. Denn wo sich Ziele und Richtungen je nach Situation ständig ändern und keine klaren Linien zu erkennen sind, geht jede Kontur verloren. Dieser Verlust führt mittlerweile zu dem verbreiteten Gefühl, dass Politik und Wirtschaft illoyal sind gegenüber ihren Wählern, ihren Mitarbeitern und ihren Kunden.

Das erzeugt Enttäuschung und führt zu Wut und Zorn. So wurde es möglich, dass lupenreine Rechtspopulisten und unbesonnene Rabauken in höchste Ämter gehievt werden. Nicht etwa wegen der Überlegenheit ihrer kaum vorhandenen Programme, sondern als Vergeltung für die Illoyalität der traditionellen Parteien.

Mittlerweile haben immer größere Anteile der Bevölkerung die Nase gestrichen voll von einem abgekoppelten Denken, das kaum noch etwas mit der Lebensrealität zu tun hat. Manchmal ist die Unsicherheit bereits so groß, dass Nachteile in Kauf zu nehmen leichter erscheint, als einfach weiterzumachen.

Das musste beispielsweise das Management der Fluglinie Alitalia im Jahr 2017 erfahren. Nach einem bereits mehrere Jahre andauernden kontinuierlichen Sparkurs sollten wieder zwanzig Prozent der Stellen gestrichen und Gehälter gekürzt werden. In einer Urabstimmung lehnte die Belegschaft diesen Plan ab, obwohl klar war, dass dann alle ihre Arbeit verlieren würden. Doch mittlerweile war der Vertrauensverlust so groß geworden, dass die Mitarbeiter die drohende Arbeitslosigkeit dem ständig steigenden Druck am Arbeitsplatz vorzogen.

Solche Selbstzerstörung ist eine nachvollziehbare Reaktion. Ein brauchbarer Weg wird daraus aber nicht.

Wann haben wir genug gespart?

Dem Phänomen der Entkoppelung von Sprache und Inhalt war bereits Sokrates auf der Spur. Er entdeckte, dass Begriffe die Wahrnehmung manipulieren. Worte werden einfach übernommen, ohne dass ihr Inhalt verstanden wird. Schon damals wurden also überall Begriffe verwendet, deren genaue Bedeutung unklar war. Mit der simplen Frage „Was meinst du damit?" brachte Sokrates seine Mitbürger so sehr in Verlegenheit, dass sie ihn schließlich zum Tode verurteilten.

Auch heute hat die Entdeckung des Sokrates ihre Gültigkeit nicht verloren. Wie leichtfertig Dinge einfach nur nachgeplappert werden und was geschieht, wenn man mit Nachdruck nach dem Inhalt fragt, zeigte sich angesichts einer Vorstandssitzung in einer großen sozialen Organisation.

Dort hatte sich eine neoliberal agierende Geschäftsführung etabliert und ein rein an Zahlen orientiertes Regiment eingeführt. Obwohl ihre sozial bedürftige Klientel intensiver Betreuung bedarf, wurden rigoros Stellen gestrichen. Konsequent wurde Geschäftsergebnis über Betreuungsqualität gestellt.

Die Geschäftsführung schreckte vor keinem Druckmittel zurück, um ihre Sicht der Dinge durchzusetzen. Wagte es einer der Angestellten, auch nur den geringsten Zweifel am eingeschlagenen Kurs zu äußern, erhielt er umgehend die Kündigung oder musste mit Repressalien aller Art rechnen. Mitarbeiter und Mitarbeiterinnen wurden planmäßig erniedrigt, degradiert und bedroht. Druck und Angst lähmten die Organisation.

Die ehrenamtlichen Vereinsvorstände hatten sich zunächst auf die Sachkompetenz des Geschäftsführers verlassen. Versuchten sie Hintergründe zu erfahren, so wurde ihre Neugier mit allerlei finanztechnischen Begründungen abgeschmettert. Bislang war es dem Geschäftsführer mit diesem Trick gelungen, lästige Fragen zu ersticken.

Da aber immer neue Sparpläne durchgezogen wurden, reichte es ihnen eines Tages und einer ergriff das Wort: „Sie erwecken den Eindruck, als ob wir eingekesselt wären und unbedingt ausbrechen müssten. Wer aber ist der Feind? Wo steht er? Warum müssen wir ausbrechen? Keine einzige dieser Fragen haben Sie jemals beantwortet. Nun sagen sie uns doch einfach, wohin Sie überhaupt wollen? Und vor allem: Wann haben Sie genug gespart?"

Diese letzte Frage ist der Gottseibeiuns neoliberaler Logik. Es wird immer von Sachzwängen gesprochen, nie davon, wann es genug ist oder wann man angekommen sein wird.

Natürlich verzeichneten die Ersten, die so dachten, wirtschaftliche Erfolge. Einer von ihnen war Jack Welch, ehemaliger Vorstandsvorsitzender von General Electric. Im Jahr 1981 ging er davon aus, dass Menschen unter Angst zur Arbeit gezwungen werden müssten. Er verbreitete Schrecken und feuerte jedes Jahr ein Zehntel seiner Mitarbeiter. Zunächst gab ihm der wirtschaftliche Erfolg recht. Der Konzern steigerte seinen Marktwert von 13 auf 400 Milliarden US-Dollar.

Jahrzehnte später, im Jahr 2009, kam er zur Besinnung und erklärte der Financial Times in einem Interview: „Genau betrachtet ist Shareholder Value die blödeste Idee der Welt." Erklärend fügte er hinzu: „Shareholder Value ist ein Ergebnis, keine Strategie, die wichtigsten Interessengruppen sind die eigenen Mitarbeiter, die eigenen Kunden und die eigenen Produkte."

Diese Einsicht kam zu spät, der anfängliche wirtschaftliche Erfolg hatte in der Weltwirtschaft bereits ein Schwarmverhalten ausgelöst. Es entstand ein sozial toxischer Sog und für viele Führungskräfte gilt bis heute unternehmerische Loyalität gegenüber den eigenen Mitarbeitern als überflüssig. Solches Schwarmverhalten führt zu Denkmoden, die so selbstverständlich werden können, dass niemand mehr Fragen stellt. Der Schwarm orientiert sich ausschließlich an dem, was alle anderen tun (Fisher 2010).

Auch wenn „Schwarmintelligenz" vor einigen Jahren zum Modewort avancierte, kann man hier nicht von intelligentem Verhalten sprechen. Es wird ja nicht reflektiert, sondern nur kopiert. Eigeninitiative und individuelle Kreativität hingegen konvergieren zur Mittelmäßigkeit, in hektischer

Betriebsamkeit werden Argumente durch Behauptungen ersetzt, Begriffs-konstruktionen simulieren das Nachdenken und beleidigende Kampfrheto-rik substituiert die geordnete Diskussion. Der Mathematiker Gunter Dueck nennt dieses Phänomen, das sowohl Wirtschaft als auch Politik durchzieht, folgerichtig lieber „schwarmdumm" (Dueck 2015).

Im Durcheinander aus schnell geschaffenen Schlagworten und Begriffs-Hypes, die durch menschliche Schwärme geistern, lösen sich Halt und Orientierung auf. Diese gehören aber zu den psychologischen Grundbe-dürfnissen des Menschen. Wo sie zu wenig Beachtung finden, sind vor allem für junge Menschen kaum attraktive Perspektiven zu finden.

Einen Hinweis darauf, wie groß dieses Defizit ist, zeigte eine im Jahr 2015 durchgeführte Studie des Instituts für Jugendkulturforschung, die das Selbstbild der 16- bis 29-Jährigen erhob. Drei Viertel der Befragten etiket-tierten sich selbst als verunsichert. Genauso viele glaubten, den Wohlstand ihrer Eltern nicht erreichen zu können, und knapp zwei Drittel von ihnen bezeichneten sich als planlos. Als Antwort darauf rücken sie zusammen. Immer kompromissloser suchen junge Leute nach einem gedeihlichen Mit-einander. Das ist eines ihrer wichtigsten Themen (Calmbach 2016).

Den Jungen geschieht Unrecht

Die Nachkommen sind die künftigen Träger des Lebens. An ihnen liegt es, wie sich die Gesellschaft weiterentwickeln und welchen Werthaltungen sie folgen wird. Die Zukunft liegt in ihrer Hand. Auf diesem Weg führten sie immer schon manches weiter, während sie anderes veränderten. Verände-rungen haben immer eine Basis im Vergangenen, egal wie sanft oder radikal sie sein mögen.

Wie bei allen anderen sozialen Tieren haben auch beim Menschen die Jüngeren von Geburt an ein vitales Interesse an Vorbildern und Resonanz-flächen, von denen sie lernen können. Um lernen zu können, beobachten sie ihre Umwelt ganz genau. Sie konzentrieren sich auf jene, von denen sie Dinge erfahren können, die ihnen wesentlich erscheinen. Dabei achten sie auf jede Kleinigkeit und nehmen sie wahr. Das mag bewusst geschehen oder unbewusst. Aber es findet unablässig statt (Spitzer 2002).

Problematisch wird es, wenn sich Rahmenbedingungen im Umfeld sehr schnell ändern und wenn es zu Brüchen in der Kontinuität kommt.

Denn wenn sich der Kontext verändert, gelten viele alte Erfahrungen nicht mehr.

In einer solchen Zeit befinden wir uns gerade.

In Zeiten des Umbruchs verlieren auch Erfahrene ihre Orientierung. Das beeinträchtigt ihre Fähigkeit, Jüngeren Halt zu vermitteln. Die Nachkommenden sind dadurch auf sich selbst gestellt. Sie finden keine klare Resonanzfläche mehr, an der sie wachsen können, und sind gezwungen, es auf eigene Faust versuchen.

Die Jüngeren suchen auch heute nach Halt. Aber sie finden ältere Generationen vor, denen es nicht gelingt, den notwendigen Halt zu vermitteln. Es sind die Älteren, die im Gefüge der Lebensalter an ihrer Aufgabe scheitern, Orientierung zu geben.

Von eigenen Ängsten getrieben, verstehen die Älteren ihre Kinder und Enkel immer weniger. „Die ticken anders", heißt es. Man versteht sie nicht. Weil man aber das, was man selbst nicht versteht, leicht für falsch hält, überwiegen die Klagen über den Nachwuchs. Ichbezogen seien sie und freizeitorientiert. Sie hätten ja immer alles gehabt und kämen nun klarerweise mit dem Ernst des Lebens nicht zurecht. „Generation Kopf unten" werden sie wegen ihres Smartphone- oder Tablet-Gebrauchs genannt. Oder „Generation Pippi Langstrumpf", weil sie sich dem Ernst des Lebens nicht stellen und glauben, alles zu können, außer zu arbeiten.

Aus Unternehmen ist die Klage über die angebliche Tiefenentspannung der Jungen zu hören. Sie hätten keine Einstellung zur Arbeit, würden selbstständig keinen Finger rühren und nicht eigenständig nachdenken. Initiative zu entwickeln, käme für sie nicht in Frage. Und Verantwortung zu übernehmen, würde sie überhaupt nicht interessieren.

Dabei stellt sich die Frage, ob nicht diejenigen, die in diesen Chor der Klage einstimmen, in Wahrheit den Splitter im Auge des anderen gut erkennen, den Balken im eigenen aber nicht sehen. Steckt hinter dem Vorwurf der Verweigerung von Verantwortung nicht eigentlich der Versuch, angesichts eigener Orientierungslosigkeit die Verantwortung für die Schaffung von Orientierung einfach an die nächste Generation abzuschieben? Und sich selbst gleichzeitig aus der Verantwortung zu stehlen, mit dem Hinweis, das eigene Leben doch ganz gut gemeistert zu haben?

Als Berater ist es seit Jahrzehnten meine Aufgabe, das Zusammenleben in Organisationen zu verbessern und ein von gegenseitigem Vertrauen getragenes Klima des Miteinanders zu entwickeln. Solche Prozesse brauchen das Engagement und die Mitarbeit aller Beteiligten. Noch nie ist mir untergekommen, dass Jüngere diese Mitarbeit und die notwendige Mitverantwortung verweigert und nach der Hängematte geschielt hätten. Ganz im Gegenteil! Ihre Bereitschaft, sich auf solche Abenteuer einzulassen, habe ich selbst immer als besonders ermutigend erlebt.

Betrachtet man diese angebliche „Generation in der Hängematte" etwas genauer, dann sieht man, dass sie alles andere als entspannt ist. Fragt man sie, so hört man überall von den Ängsten, die sie peinigen. Von Ängsten über ihre eigene Zukunft, aber auch von Ängsten über die Welt.

Vor einiger Zeit kam mein damals 23-jähriger Sohn von einer Lehrveranstaltung an der Universität nach Hause. Die Vorlesung hatte ihn bisher immer begeistert. Diesmal allerdings war sein Gesicht traurig. Bei einer Tasse Kaffee fragte ich ihn, was mit ihm los sei.

Er versicherte, dass ihn das Studium weiterhin sehr interessiere. Aber man gehe auf die Universität, lerne, lege Prüfungen ab und am Ende mache doch alles nicht wirklich Sinn. Über diese Aussage erschrak ich, Ähnliches hatte ich noch nie von ihm gehört. Im Verlauf des Gespräches erklärte er: „Wir Jungen haben alle Angst. Wir werden ohnehin nie Arbeit bekommen. Schon gar nicht eine, die uns Freude macht und in der wir daher besonders gut sein könnten. Versuchen wir das, werden wir nie zu etwas kommen. Wenn wir uns aber verbiegen und irgendeinen beliebigen Job annehmen, nur um etwas Geld zu verdienen, dann verbringen wir das Leben mit einer Arbeit, die wir letztlich hassen werden. Die müssen wir dann machen, bis wir 85 Jahre alt sind, Rente werden wir sowieso keine bekommen!"

Am Schluss seiner Ausführungen sagte er: „Wir haben in unserem Leben nie etwas anderes gehört als Krise, Krise, Krise, Krise!"

Er hatte recht. Tatsächlich werden wir seit dem Wechsel des Jahrtausends mit einem rhetorischen Stakkato sich ständig beschleunigender Krisen bombardiert.

Die Jugendforscher Philipp Ikrath und Berhard Heinzelmaier bestätigen diese Ängste. Vor allem sei es die Angst davor, den Status in der Familie nicht halten zu können und darin zu versagen. Abstiegsängste, nicht Atomkrieg oder Naturkatastrophen würden sie plagen. Ihre größte Angst sei es, an den erlernten Vorstellungen eines gelungenen Lebens zu scheitern (Heinzelmaier, Ikrath 2013).

Auch Therapeuten zeichnen ein düsteres Bild des Ausmaßes der Ängste bei den Jungen. Eine Psychiaterin erzählte mir sogar, dass die Ängste unter Kindern und Jugendlichen heute allgemein ein Niveau erreicht hätten, wie man es in den 1960er-Jahren allenfalls von Insassen in der Psychiatrie gekannt habe.

Krisen gab es schon immer. Das ist an sich nichts Neues. Doch im Unterschied zu den Jahrzehnten davor ist es den jungen Erwachsenen heute kaum möglich gewesen, ein Gefühl für Gestaltung zu entwickeln. Die Vorstellung, selbst etwas verändern zu können, konnte nicht wachsen. Ihnen wurde das Bild einer Welt im Niedergang vermittelt.

Auch die Älteren fühlen sich ohnmächtig. Aber sie sind in einer Zeit groß geworden, in der die Hoffnung auf eine Verbesserung des Lebens lebendig war. Kraftvoll haben viele sich für eine bessere Gesellschaft eingesetzt und einiges erreicht. Nun aber hat es auch für sie den Anschein, dass diese Bemühungen am Ende doch keinen Erfolg gebracht haben und somit wertlos gewesen seien. Das entsetzt sie und sie lehnen sich zurück in die bequemen Polster der Opferhaltung. Aber sie haben zumindest einmal eine andere, optimistischere Zeit erlebt.

Verfolgen wir nun kurz und schlaglichtartig jene Ereignisse, die das Lebensgefühl der heute jungen Erwachsenen prägen.

Seit der Dotcom-Blase 2000 und der Enron-Pleite 2001 kommen wir nicht mehr zur Ruhe. Eine sogenannte Krise jagte die andere, bis schließlich 2008 die Finanzkrise begann.

Eingestreut in diesen wirtschaftlichen Schleuderkurs, kam es zu einer stattlichen Anzahl von Kriegen. Darunter 2001 in Afghanistan und 2006 im Libanon. Als 2011 der Arabische Frühling Hoffnung verbreitete, wurde er in vielen Ländern niedergeschlagen und versank in Bürgerkriegen. Dies führte zum Anwachsen des IS.

Der Riss zwischen dem Glauben an Vernunft, Menschenrechten und Solidarität einerseits und dem Erleben des Verrats des Westens an diesen seinen eigenen Kernwerten andererseits wirkte sich verheerend aus. Man vergegenwärtige sich, was all das für das Weltbild junger Menschen bedeutet.

2009 wurde an der Wiener Universität das Audimax von der spontanen Bewegung „Die Uni brennt" besetzt. Die Studenten protestierten gegen Verschärfungen und Verflachungen des Bildungssystems. Es war der bisher letzte studentische Versuch, die Gesellschaft positiv zu verändern. Viele europäische Universitäten folgten dem Beispiel Wiens.

2011 erstand mit der Occupy Wall Street-Bewegung in New York ein weiteres Symbol der Hoffnung. Es endete mit Tränengas und Polizeigewalt. 2012 errichteten die „Indignados", die „Empörten", die erste Zeltstadt auf der Puerta del Sol in Madrid. Es waren vor allem gebildete junge Leute mit abgeschlossenem Studium und ohne Aussicht auf eine eigene Zukunft. In der Folge wuchsen solche Zeltstädte in vielen Ländern Europas. Sie blieben lange bestehen, bis die Polizei sie auflöste.

Alle diese Bewegungen wurden nicht von Chaoten getragen, sondern von Menschen, die Verantwortung übernehmen wollten, aber kaum Chancen dafür sahen. Über die neuen Medien waren sie hervorragend vernetzt und tauschten sich aus. Es entstanden spontane Organisationsformen mit improvisierten Küchen und sozialer Hilfe. Occupy Wall Street konnte sogar Spenden in Höhe von 12 Millionen Dollar einsammeln, mit denen Privatleute entschuldet wurden, die durch die Finanzkrise ihre Existenz verloren hatten.

Diese angeblichen Chaoten versuchten, eine Antithese gegen ein Wirtschaftsmodell zu entwickeln, das ihnen keine Chance ließ. Sie wollten die Welt verbessern und bemühten sich sowohl darum, das selbst zu leben, als auch darum, es theoretisch zu untermauern. Sie wollten etwas Konkretes tun. Am Ende unterlagen sie alle.

Als 2015 die Flüchtlingswelle vor allem aus Kriegsgebieten nach Europa schwappte, wuchs mit der spontanen, andauernden und zumeist ehrenamtlich geleisteten Hilfe noch einmal die Hoffnung auf ein Miteinander. Sie ging in einem Tornado von Feindseligkeiten unter, der uns seither nicht mehr loslässt. Dieser zerstörerische Wind entwickelte sogar das Potenzial, die EU zu zerstören, die ursprünglich als Friedensprojekt gegründet worden war.

Sichtbare Folge der Entsolidarisierung war unter anderem auch die Demütigung Griechenlands. Jenes Landes, das 1953 als einziger Staat für einen Schuldenschnitt gegenüber dem darniederliegenden Deutschland eingetreten war und damit das deutsche Wirtschaftswunder erst ermöglicht hatte. Das unfaire Verhalten Deutschlands, als nun Griechenland einen Schuldenschnitt gebraucht hätte, schockierte die jüngere Generation in ganz Europa.

„Warum, zum Teufel, sollen wir euch vertrauen?", schrie unlängst ein Student einer wirtschaftlichen Fakultät einen Vortragenden an. „Ihr habt die Welt ruiniert und jetzt stellen Sie sich da hin und erzählen uns, dass wir es genauso machen sollen wie Sie? Halten Sie uns wirklich für so dumm?"

Hatte der Student nicht recht? Wie, um alles in der Welt, soll die nachkommende Generation Vertrauen entwickeln? In Ältere, die viel fordern, gleichzeitig selbst Verantwortung verweigern? Die kein brauchbares Vorbild abgeben und nicht einmal die Möglichkeit eines Auswegs verkörpern? Die alle Verantwortung an die Jüngeren abzuschieben versuchen?

Auf unbekanntem Terrain

Die Jungen ticken anders. Auffällig ist, wie sich viele in ihrer Lebensführung einschränken. Den Wettlauf um die typischen Statussymbole machen sie nicht mit. Ein eigenes Auto, für ihre Eltern noch ein unverzichtbares Symbol für Freiheit und Status, brauchen viele nicht mehr.

Dahinter verbirgt sich aber kein Protest. Sie reagieren nur auf eine Welt, in der veränderte Bedingungen gelten.

Während eines Urlaubes begegnete ich einem jungen Ehepaar. Sie befanden sich auf ihrer Hochzeitsreise. Beide waren Anwälte und Ende zwanzig. Irgendwann kam das Thema der anders tickenden Jugend zur Sprache. Jeder am Tisch beteiligte sich an diesem Gespräch. Die meisten hatten erwachsene Kinder, die bereits auf eigenen Beinen standen.

Einer der älteren Reisegefährten äußerte die Meinung, dass die Jüngeren deswegen so anders seien, weil sie es sich leisten könnten. Eine riesige demografische Lücke klaffe und es gäbe einfach nicht genug Junge, um den Bedarf an Arbeitskräften zu decken. Das wüssten sie, so meinte der Kollege, und deshalb wären sie sehr entspannt.

Der junge Anwalt sah das anders. „Wir", so sagte er, „wollen nur nicht das weiterführen, was wir bei unseren Eltern gesehen haben. Wir wollen es anders machen."

Als Beispiel nannte er die Situation, in der er selbst aufgewachsen war. Als Kinder hatten sie alles gehabt, wie die meisten in ihrer Altersgruppe. Es gab Fernseher, Handy und irgendwann auch einmal Moped und Auto. Kino- und Diskobesuche waren jederzeit möglich. Insgesamt hätte man aus dem Vollen geschöpft und man sollte eigentlich meinen, dass das eine glückliche Kindheit gewesen sei.

Nur etwas ganz Wesentliches habe gefehlt: Vater und Mutter! Sie fehlten gerade dann, als sie am meisten gebraucht wurden. Beide Eltern gingen morgens zur Arbeit und kamen abends gestresst nach Hause.

Viele dieser Millennials litten während ihrer Kindheit und Jugend am Stress und an der Unzufriedenheit ihrer Eltern. Diese, so der junge Mann, hätten sich sogar sehr bemüht, auf ihre Kinder einzugehen. Das schlechte Gewissen beruhigten die Eltern mit materiellen Zuwendungen und einer Laissez faire-Haltung in der Erziehung. Kinder würden jedoch die Anstrengung hinter der Bemühung spüren und sich selbst die Schuld dafür geben, dass der Stress der Eltern noch mehr gestiegen sei.

Das bestimmende Gefühl in ihrer Kindheit sei die Einsamkeit gewesen. Das wollen sie, so meinte er, ihren eigenen Kindern nicht antun. Diese beiden wollten bewusst keine Karriere machen. Im Gegensatz zu ihren Eltern wollen sie für ihre künftigen Kinder wirklich da sein.

Interessiert fragte einer der Anwesenden, ob sie den Eindruck hätten, dass viele in ihrem Alter so dächten und fühlten. Das junge Ehepaar bejahte das.

In den folgenden Monaten hörte ich eine ganze Reihe ähnlicher Geschichten. Nicht alle zeigten so viel Verantwortungsgefühl für die nächste Generation wie die beiden jungen Anwälte. Allen gemeinsam war, dass sie ihr Leben nicht nur anders begreifen, sondern vor allem anders gestalten wollen, als sie es bei ihren Eltern erlebt hatten. Gemeinsam ist ihnen auch, dass sie dabei vor allem an ihr direktes Umfeld denken. An das, was sie erreichen können, wie zum Beispiel Freunde und eigene Familie. Kaum einer engagiert sich für große gesellschaftliche Umwälzungen.

Die Eltern dieser jungen Leute haben sicherlich ihr Bestes gegeben. Sie wollten das vermitteln, was ihnen unter den gegebenen Umständen als wichtig und erstrebenswert erschien. Aber die Umstände hinderten sie daran, die tieferen Bedürfnisse ihrer Kinder zu erkennen. Wir sprechen hier also nicht von persönlicher Schuld, sondern von familienfeindlichen Rahmenbedingungen.

Trotz dieses erlebten Defizits bleibt der noch vor wenigen Jahren medial gehypte „Krieg der Generationen" zumindest vorläufig aus (Opoczynski 2015). Denn die Jugend hat Verständnis für ihre Eltern, wie große Jugendstudien nachweisen, etwa die „Shell Jugendstudie" (Albert 2015) oder „Generation What?".

Diese Untersuchungen bestätigen nicht nur, dass die Kinder ihren eigenen Eltern durchaus vertrauen. Sie zeigen auch, dass die Schuld an bestehenden emotionalen Mängeln und am Leid der Eltern der Arbeitswelt und der Politik gegeben wird. Diesen wird das Vertrauen entzogen.

Das ist keine Jugend, die Verantwortung ablehnt und es nur bequem haben will. Es sind junge Menschen, die genau wissen, dass sie sich auf ein ihnen unbekanntes Terrain begeben. Sie wagen sich vor, weil sie keine Möglichkeit sehen, die Welt ihrer Eltern und Großeltern weiterzuführen.

Gleichzeitig sind sie in einem Alter, in dem sie sich bewähren wollen. Durch bloßes Fortführen der althergebrachten Gedankenwelt – wofür man am ehesten Anerkennung der Älteren erhalten könnte – ist das aber nicht mehr möglich. Das wissen sie genau. Dabei ist zu beachten, dass sie zu einer Zeit geboren wurden, als sich die Kurve der Steigerung des allgemeinen Wohlstandes bereits deutlich verflachte.

Sie mögen zwar jung sein, aber sie wissen, was sie nicht wollen. Im Hinblick auf das, was für ein menschliches Leben einfach keinen Sinn macht, sind sie vielfach erfahrener als ihre Eltern. Es wäre daher eine gute Idee, ihre Versuche ernst zu nehmen. Selbst dann, wenn nicht jede ihrer Ideen gut durchdacht sein sollte. Denn sie sind die Träger der Zukunft. Eine noch bessere Idee wäre es, sie zu unterstützen.

„Eins plus eins muss hundert sein"

Leben ist ein Erkenntnis gewinnender Prozess, pflegte Konrad Lorenz zu sagen. Leider wird dieser Satz häufig akkumulativ verstanden. Also in dem Sinne, dass das Leben auf der Suche nach der exakten Kenntnis der Welt sei und immer mehr darüber wissen könne. Der Mensch, quasi als Krone der Schöpfung, würde einer absoluten Weltkenntnis mittels Wissenschaft und Technik immer näherkommen.

Das ist ein schwerwiegendes Missverständnis. Absolutes Wissen wäre nur in einem abgeschlossenen System möglich. Zum Beispiel in einer Lokomotive. Die kann man untersuchen. Irgendwann weiß man, wie sie funktioniert, und kann sie nachbauen.

Im Gegensatz zu einer Maschine ist Leben kein abgeschlossenes System. Es ist selbstorganisierend und entwickelt sich ständig weiter. Grundsätzlich beeinflusst jedes Lebewesen unablässig seine Umwelt und damit die Bedingungen für alle anderen Lebensformen in seiner Umgebung. Biologische Prozesse sind deshalb immer offen. Man weiß im Voraus nie genau, welchen Weg sie einschlagen werden. Wo Leben beteiligt ist, sind nirgends letzte Gewissheiten zu finden.

Technische Systeme hingegen werden mit großer Kunstfertigkeit so konstruiert, dass hinten exakt das herauskommt, was vorher geplant wurde. Bei

Rechnern etwa muss die Übertragung eines Datensatzes von einem Rechner auf einen anderen fehlerfrei funktionieren. In technischen Systemen ist Evolution damit von vornherein ausgeschlossen. Der einmal vorgezeichnete Weg darf nicht verlassen werden. Technik muss genau das tun, was von ihr verlangt wird. Sie ist nichts als ein Werkzeug, das von Menschen für andere Menschen gebaut wird. Fällt ein Teil aus, so muss ein technisches System repariert werden.

Leben ist eher ein Prozess als ein System. Fällt in einem Ökosystem eine Tierart aus, entsteht eine Lücke. Doch es rücken andere Arten nach. So ändert sich das Gesamtgefüge. Lebendige Prozesse stehen niemals still, es herrscht immer die Suche nach einem Fließgleichgewicht. Dieses aufrechtzuerhalten, ist die Aufgabe des Lebens, wie James Lovelock sehr eindrucksvoll beschrieben hat (Lovelock 1988).

Legen wir dieses Konzept von lebendigen Prozessen unserer Betrachtung zugrunde, so zeigt sich, dass jede Generation notwendigerweise die Welt etwas anders sehen muss. Ganz einfach deshalb, weil die Welt und ihr Gefüge sich seit der Zeit der Eltern verändert hat.

Die heutigen jungen Erwachsenen sind davon in besonderem Maße betroffen. Sie sind in einer geistigen Welt herangewachsen, die seit vielen Jahren den Anschein unablässigen Niedergangs erweckt. Ihre Eltern waren in Mitteleuropa in einer Periode maximaler Prosperität herangewachsen. Sie glauben deshalb an die Wohlstand schaffende Wirkung von Fleiß.

Die heute jungen Erwachsenen gehen nicht mehr stillschweigend von unablässigem Wachstum aus. Das ist ein massiver Bruch.

Die jeweils vorgefundene Umwelt eines Heranwachsenden beeinflusst nicht nur Ansichten, Überzeugungen und Werthaltungen. Unterschiedliche Rahmenbedingungen führen zu unterschiedlichen Wahrnehmungen. So tut sich beispielsweise die Großeltern mitunter schwer damit, wenn ihre Enkel im Internet hängen. Denn ihnen leuchtet es nicht ein, dass hier womöglich etwas geleistet wird. Sie können es nicht nachvollziehen.

Gerade die Verschiedenheit der Menschen und ihrer Ansichten macht das Finden gangbarer Wege wahrscheinlicher. Ganz einfach deshalb, weil Alternativen entstehen. Dieses Gesetz gilt überall in der Natur. Möglichst viele verschiedene Zugänge im System zu haben, sei das beste Werkzeug auf dem Weg in eine gedeihliche Zukunft, meint etwa der Genetiker Markus Hengstschläger. Eine der wichtigsten Aufgaben in der Bildung sei, diese Verschiedenheit zu fördern und sie nicht zu unterdrücken (Hengstschläger 2012).

Der Robotic-Pionier Red Whittaker von der Carnegie Mellon University in Pittsburg ist ein Meister dieses Zugangs. Er gilt seit Jahrzehnten als herausragender Förderer seiner Studenten. Im Frühjahr 2017 erklärte er in einem privaten Gespräch das Geheimnis seines Erfolges: Es komme darauf an, meinte er, den jungen Wissenschaftlern und Technikern Rahmen und Richtung in einem Projekt zu geben und sich dann davon überraschen zu lassen, auf welche Ideen sie kommen würden. „Eins plus eins muss hundert sein. Wenn es nur zwei oder drei ist, so ist es zu wenig. Das zu ermöglichen, ist die Aufgabe des älteren Projektleiters. Wenn die Woge der Begeisterung ein junges Team erfasst, ist der Erfolg nicht aufzuhalten."

Wie man sich in einen goldenen Pantoffel verwandelt

In ihrem Innersten sind alle Menschen gleich. Wir streben nach Zugehörigkeit, Anerkennung und Lebenssinn. Verschieden sind wir nur in Bezug auf unsere Vorstellungen darüber, wie das zu erreichen ist. Darüber gibt die Kultur Auskunft, aus der wir stammen.

Wir alle brauchen Gemeinschaft. Nichts anderes wünschen sich die Jugendlichen in Europa. Ihre größte Angst ist, jemanden zu verlieren, der ihnen nahesteht. So die europaweite Untersuchung „Generation What?". Die Sinus-Studie kommt zu ähnlichen Ergebnissen: Nach ihr sind die größten Sehnsüchte Geborgenheit, Halt, Aufgehoben- und Akzeptiert-Sein.

In einer von Neoliberalismus, Szientismus und technologischer Kontrollsucht geprägten Welt kommt jedoch keiner dieser Werte vor. Dieses Weltbild geht von einer statischen Vorstellung der Welt aus, die man analysieren kann wie eine Maschine. Der daraus entstehende theoretische Einheitsbrei erzeugt das Gefühl der Ohnmacht.

Soll der Teufelskreis aus Angst und Ratlosigkeit durchbrochen werden, benötigen wir Denkmodelle, die offene Entwicklung und den Aufbruch zu anderen Ufern erlauben. Wir brauchen Entwürfe, die uns in die Lage versetzen, Mut und Kraft zu entwickeln. Wir brauchen Optimismus und Zuversicht. Wir brauchen das Vertrauen, an unserer eigenen Zukunft mitwirken zu können. Das kann nur dort entstehen, wo man sich verstanden fühlt, wo einem zugehört und man ernst genommen wird. Solches Vertrauen zu erleben, bedeutet ein Stück Lebenssinn zu erhalten.

Wir brauchen das Gefühl, uns an etwas zu beteiligen, das größer ist als wir. Soll das Leben gelingen, ist die Gewissheit unerlässlich, persönlich dazu beigetragen zu haben, dass die Welt ein bisschen besser wurde. Am Ende brauchen alle Menschen das Gefühl, dass sie in ihrem Leben eine positive Wirkung für andere erzeugt haben. So wie es Manfred, Abteilungsleiter bei einem großen Stromerzeuger, ausdrückte: „Der beste Meister ist der, der die besten Lehrlinge hat und über den man noch zwanzig Jahre nach seiner Pensionierung gut spricht!" Wem so etwas gelingt, dessen Leben hat Bedeutung.

Antoine de Saint-Exupéry hat das in eine kleine Geschichte verpackt. Sie findet sich in seinem letzten, unvollendet gebliebenen Roman „Die Stadt in der Wüste". Dort geht es darum, was im Leben wesentlich ist und was am Ende wirklich bleibt.

Ein alter Fürst geht durch seine Stadt und denkt über den Sinn des Lebens nach. Er reflektiert darüber, dass die Früchte all unseres Tuns untergehen und dass es anscheinend nichts Beständiges gibt, das die Zeit überdauern könnte, die „nutzlos wie eine Sanduhr verrinnt".

Schließlich bleibt er bei einem steinalten Flickschuster stehen. Der ist blind, hat nur noch ein Bein und ist dem Tode schon so nahe, dass er bei jeder Bewegung ächzt wie eine alte Windmühle. Die Klarheit der Worte hat er schon verloren und antwortet nur langsam. Doch er ist vertieft in seine Arbeit.

Mit zittrigen Händen stichelt dieser Blinde letzte Zierfäden in einen Pantoffel. Dabei lächelt er und singt mit seiner zittrigen Stimme ein Lied. Glücklich erscheint er dem Fürsten, unantastbar, ja sogar unvergänglich.

Der Fürst erkennt, dass es weder um den Schuster noch um den Pantoffel geht. Es geht um die Freude, die dieser Mann empfindet. Sie wird sich auf den übertragen, der sein lieb gewordenes und längst aufgegebenes altes Paar Schuhe in neuem Glanz zurückerhalten wird.

„Was ist es, Flickschuster, was dich so fröhlich macht?", fragt der Fürst. Aber dem Fürsten ist klar, dass der Schuster nicht weiß, dass „sein Glück darin bestand, sich in goldene Pantoffeln zu verwandeln".

Es geht nicht nur darum, so Saint-Exupéry, ein Schiff zu bauen, eine Karawane zu rüsten und einen Tempel zu errichten, der einen überdauert. Es geht darum, sich mit anderen auszutauschen, Freude, Mut und Vertrauen zu schenken. Der Schuster ist glücklich, weil sein eigentliches Produkt Freude ist. Die Pantoffeln sind nur das Mittel dazu.

Wesentlich ist, wofür wir unsere Lebenskraft einsetzen und was daraus entsteht. „Alle, die nichts austauschen, werden zu nichts. Und die Zeit verrinnt für sie wie das Häuflein Sand und lässt sie verderben", schreibt Saint-Exupéry.

Der alte Schuster hat nicht die Worte, um das auszudrücken, doch er lebt für etwas. Das ist es, was ihm jene Ausstrahlung von Unvergänglichkeit verleiht. „Wenn er stirbt", sagt Saint-Exupéry, „wird er die Hände voller Sterne haben."

4. Der Mensch ist eigentlich ein optimistisches Tier

Lasst uns an die Stelle von Zukunftsängsten das Vordenken und Vorausplanen setzen. Winston Churchill

Warum Optimismus aus der Wüste führt

Ist die Zeit aus den Fugen, wird Optimismus zur Pflicht. Dann ist das Weiterkommen wichtig, dann sind die Fenster zu öffnen. Das gilt gleichermaßen für Individuen wie für Gruppen oder ganze Gesellschaften. Allein die positive Erwartung an die Zukunft schafft Kraft, um etwas anderes zu versuchen und dabei durchzuhalten.

Greifen zuvor ausgebildete Routinen nicht mehr, entsteht Unsicherheit. Dann neigen wir dazu, uns zurückzuziehen. Kommt ein verstärktes Bedürfnis nach Abgrenzung von anderen hinzu, wird der eigene Handlungsspielraum immer enger. Das wirkt beklemmend und verstärkt die Unsicherheit weiter.

Um einen Weg aus dieser Sackgasse heraus zu finden, ist eine positive Einstellung unerlässlich. Jener kritische Optimismus also, der Probleme wahrnimmt und sich dennoch der Herausforderung stellt. Vehement und gut begründet tritt die Politologin Sandra Richter für einen solchen Optimismus ein, wenn sie den „verantwortungsvollen Optimismus der Wahrnehmung einer Welt" fordert, „welcher der Ideen und Ideale bedarf, um Herausforderungen der Gegenwart und Zukunft zu beschreiben und zu meistern" (Richter 2009).

Unsere Vorfahren wären wohl nie aus der afrikanischen Steppe herausgekommen, hätte Optimismus nicht zu ihrer geistigen Grundausstattung gehört. Moderne Anthropologen wie Chris Stinger, der Vater der Out-of-Africa-Theorie, sind der Ansicht, dass es nicht die Neugier gewesen sein kann, die den Menschen dazu trieb, das Land seiner Entstehung zu verlassen. Stattdessen zwangen ihn ständige Änderungen der Umwelt zu Neugier, Mut, Optimismus und Entdeckertum!

Eva, wie Archäogenetiker die Urmutter aller Menschen nennen, kam aus Ostafrika. Diese Gegend stellen wir uns in ihrer heutigen Form vor, als grasbedeckte Savanne. Klimaforscher fanden aber heraus, dass das nicht den damaligen Gegebenheiten entspricht. Mal war es feucht wie im Urwald, dann wieder trocken und wüstenartig. Mitunter breitete sich die Savanne aus. Das alles geschah im schnellen Wandel. Manchmal lagen nur wenige Jahre zwischen massiven Klimawechseln. In dieser Welt konnte nur überleben, wer mit diesen Veränderungen fertig wurde.

Als dann zwischen 135.000 und 90.000 Jahren extreme Trockenperioden Ostafrika heimsuchten, waren unsere Vorfahren in der Lage, darauf zu reagieren. Ihre Population ging zwar dramatisch zurück, aber einige machten sich auf den Weg. Schließlich erreichten winzige Grüppchen die Küste Südafrikas und lernten, aus dem Meer zu leben. Vor 40.000 Jahren vereinigten sich die immer noch kleinen Gruppen der Abkömmlinge von Überlebenden wieder. Die entfernten Nachfahren dieser wenigen Menschen sind wir (Behar 2008).

Der Mensch ist ein Experiment zum Thema Vielseitigkeit, meint der amerikanische Anthropologe Richard Potts. Der Homo sapiens ist nicht an eine bestimmte Umwelt angepasst, sondern die Antwort der Natur auf eine ständig im Wandel stehende Umwelt (Potts 1997).

In dieser schwierigen Frühzeit lernten unsere Vorfahren, sich den unterschiedlichsten Gegebenheiten anzupassen. Sie wurden zu Allesfressern und dank ihrer Geschichte können wir heute nahezu alles verdauen, um uns die nötige Energie zu verschaffen. Auch unser Gehirn wuchs und spezialisierte sich auf sozialen Zusammenhalt und Kooperation.

Das menschliche Gehirn ist in erster Linie ein Sozialorgan. Seine Wichtigkeit für den Homo sapiens lässt sich daran erkennen, dass es rund zwanzig Prozent der verfügbaren Energie verbrauchen darf. Mittlerweile ist man in der Naturwissenschaft einig, dass der Nutzen des großen Gehirns in der Aufrechterhaltung des komplexen menschlichen Sozialverhaltens besteht. Unser Gehirn dient also vor allem dazu, mit anderen zu kooperieren (Bauer 2006).

Es ist auch dieses Organ, das uns so neugierig macht. Dass wir gerne gemeinsam auf Entdeckungsreise gehen und in jeder Hinsicht wissensdurstig sind, ist ein Erbe der Frühzeit. Die ständigen und abrupten Umweltveränderungen waren nach derzeitigem Wissensstand die Lehrmeister, die unsere Vorfahren nicht nur zu Fantasie und strategischem Denken zwangen. Sie nötigten sie auch dazu, einmal gemachte Erfahrungen mittels Mythen und Legenden im kollektiven Gedächtnis zu verankern.

Stellen wir uns folgende Situation vor: Als wieder einmal eine große Dürre das Land austrocknen ließ und sich die Wüste sehr schnell ausbreitete, versammelten sich die meisten Tiere, aber auch die Menschen, um die verbliebenen Wasserstellen. Zuerst war das dort zahlreich zusammenströmende Wild eine willkommene Nahrungsquelle.

Warum sollte man da wegziehen? Die Versuchung, in diesem Paradies zu bleiben, aus dem Vollen zu schöpfen und das Wild sozusagen einfach vom Rand des Sees zu ernten, muss sehr groß gewesen sein.

Aber das Wasser wurde immer knapper. Aus Seen wurden Tümpel, bis auch die am Ende verschwanden. Wer jetzt noch da war, hatte keine Chance mehr zu entkommen. Denn ringsum gab es nichts als wasserlose Wüste.

Schon bevor die Situation aussichtslos wurde, fassten einige dieser frühen Menschen optimistisch Mut und wagten, den See rechtzeitig zu verlassen. Diese wenigen sind unsere Vorfahren.

Richard Potts fand heraus, dass solche Situationen immer wieder auftraten. Wir wissen heute, dass die Klimaschwankungen wirklich dramatisch waren. Manchmal überlebten nur wenige Hundert Individuen. Das waren diejenigen, die den vertrocknenden See rechtzeitig verlassen hatten. Diese Optimisten lernten mit jeder Katastrophe und jedem Niedergang ihrer gewohnten Welt unablässig dazu. Es ist diese Geschichte, die uns nach und nach zu dem machte, was wir sind.

Viel zu wenig beachtet wurde bisher, dass nicht nur Kreativität und Neugier, sondern auch die Fähigkeit zum Optimismus ein Erbe dieser Vorfahren ist. Sie waren es, die uns die Gabe vererbten, an eine bessere Zukunft zu glauben, sie uns auszumalen, zu suchen und zu schaffen.

Wir finden immer einen Weg

Jede überstandene Krise bereicherte die Fähigkeiten der Überlebenden und stärkte den Zusammenhalt der Gruppe. Aber auch die Fähigkeit zu planendem Optimismus steigerte sich. Mythen und Legenden entwickelten sich und bildeten das kollektive Langzeitgedächtnis. Dazu gehören auch die vielen Geschichten von Helden. Die klassische Heldenfigur gibt es in allen Kulturen. Sie zeichnet sich vor allem durch die Fähigkeit aus, mit eigenen Ängsten fertigzuwerden, trotz aller Widrigkeiten einen Weg zu finden und eine Situation zu einem guten Ende zu bringen.

Die klassische Figur des Helden hat zu Beginn ihres Abenteuers keinerlei Bedürfnis, etwas Besonderes zu sein. Sie versucht zunächst, der Verantwortung zu entgehen, mangels Alternative nimmt sie die Aufgabe aber schließlich doch an, wenn auch voller Zweifel. Unterwegs trifft sie auf Widerstände und lernt, Unterstützer zu erkennen, ehe sie schließlich ihre Aufgabe löst. Dieser Typus des Helden ist alles andere als eine hirnlose Kampfmaschine, die unablässig siegt (Campbell 2008).

Den wahren Helden des Mythos begleitet Unsicherheit und er schwankt immer wieder. Seinen Glauben an ein gutes Ende muss er sich immer neu erarbeiten. Er ist wie wir alle. Nur deshalb kann er als Vorbild wirken.

Solche Persönlichkeiten gab es auch in der Geschichte. Einer der berühmtesten war der karthagische Feldherr Hannibal (247–183 v.Chr.). Bekannt ist er heute noch für die Überquerung der Alpen mit seinen Elefanten. Aber er siegte auch in vielen Schlachten gegen die meist deutlich überlegenen Römer. Seine vielleicht größte Leistung war die jahrelange Versorgung seiner Truppen in Italien. Er war ein Mensch, der sich nicht unterkriegen ließ, der in schwierigen Situationen einfach Paradigmen brach und mittels Fantasie und Kreativität Auswege fand. Sein Wahlspruch war: „Wir finden immer einen Weg. Und wenn wir einmal keinen finden, dann bauen wir eben einen!"

Diese Haltung ist die entscheidende Grundlage, auf der Bereitschaft und Mut zum Beschreiten neuer und unbekannter Wege wachsen können. Wie wichtig dafür die Fähigkeit ist, herkömmliche Denkmuster zu verlassen, erklärte mir der Physiker und Nobelpreisträger Gerd Binnig im Gespräch.

Heinz Rohrer und Gerd Binnig erfanden das Rastertunnelmikroskop, das atomare Oberflächen abtasten kann. Das wird erreicht durch den atomaren Tunneleffekt. Die zugrunde liegende Idee war von bestechender Einfachheit und brach mit damals üblichen Vorstellungen. Als ich ihn fragte, wie er auf diese Idee gekommen sei, antwortete er mit einem erstaunlichen Satz: „Ach, ich habe einfach ein paar grundlegende Naturgesetze als für mich nicht gültig angesehen und nochmal von vorne nachgedacht!"

Es war auch für ihn ein Wagnis, das strenge Korsett der Naturgesetze zu verlassen. Aber ihn trug die Überzeugung, das zu dürfen, bis er schließlich mit einfachsten Mitteln einen Prototyp baute. Im weiteren Gespräch sagte er: „Wenn es etwas gibt, das keiner macht, dann glauben die Leute, dass es extrem kompliziert sein müsse. Sie nehmen an, dass es sonst schon längst jemand gemacht hätte. Das ist aber ganz falsch. Die wirklich guten Dinge sind einfach. Aber weil alle etwas sehr Schwieriges erwarten, wagen sie es nicht, das Einfache zu sehen."

Mythen, Legenden, Märchen und Geschichten, wie jene, die Gerd Binnig von sich selbst erzählt, machen Mut, um eingefahrene Gewohnheiten und Denkmoden zu verlassen und uns auf den Weg zu begeben. Sie sind nicht nur nette Anekdoten, sondern über sie transportiert sich das Wissen, dass es notwendig, möglich und sinnvoll ist, den Aufbruch zu wagen.

Die Vermittler und Erzähler solcher Geschichten und Mythen werden meist als Menschen beschrieben, welche die Lebensmitte überschritten haben. Denken wir nur an den Sänger Homer, dem wir die Ilias und die Odyssee verdanken. Das liegt nicht nur daran, dass man mit zunehmendem Alter immer mehr Geschichten kennt. Mit zunehmender Erfahrung ist man auch immer besser in der Lage, deren Bedeutung zu interpretieren. So erhalten die Zuhörer wichtige Impulse. Vor allem aber einen Rahmen, der ihnen als Richtschnur für ihr eigenes Leben dienen kann. Ein wesentliches Element dieser Richtschnur ist stets die Botschaft, dass die Zukunft gelingt, wenn man sich der Gegenwart stellt.

Der Graben zwischen den Generationen

Wissen wir in einer Situation nicht mehr weiter und mangelt es am nötigen Optimismus, betritt Angst die Bühne. In den letzten Jahren haben wir miterlebt, wie vor allem die Älteren ihren Ängsten erlegen sind. Das hat wichtige Wahlen entschieden.

So gab es bei den Wahlen in den USA eine scharfe Altersgrenze. Donald Trump wurde von weißen Männern gewählt, die älter als 40 Jahre alt waren. Die stärkste Gruppe seiner Wählerschaft waren die 50- bis 64-Jährigen. Jüngere und Angehörige von Minderheiten wählten Hillary Clinton (Spiegel online 9. 11. 2016).

Ein ähnliches Bild führte zum Brexit. Auch dort lag die Grenze zwischen den Raus- und den Bleiben-Wählern bei etwa 40 Lebensjahren. 80 Prozent der Bürgerinnen und Bürger zwischen 18 und 24 Jahren stimmten für einen Verbleib in der EU, dagegen nur 37 Prozent der über 65-Jährigen (z. B. FAZ 24. 6. 2016).

Die Enttäuschung der Jüngeren drückte die junge britische Journalistin Laurie Penny am Tag nach der Abstimmung im „New Statesman" so aus: „Das war keine Abstimmung über die EU. Das war ein Referendum gegen die moderne Welt. Gestern haben ängstliche Erbsengehirne aus der Provinz gegen die EU abgestimmt. Heute früh sind wir an einen fahrerlosen Geisterzug gefesselt aufgewacht, der gerade aus dem Gleis springt." (Penny 2016)

In diesen Zeilen bringt sie die ganze Wut der jüngeren Generation zum Ausdruck, die sich von den Älteren um ihre Zukunft geprellt sieht. Das ganze Land werde sich nun in einen ängstlichen, feindseligen Raum verwandeln, schreibt sie, in dem weder Immigranten noch Minderheiten Platz fänden. Die Befürworter des Austritts würden jedoch spätestens dann aufwachen, wenn die Verminderung der Anzahl ausländischer Arbeitnehmer alsbald das Steueraufkommen verringern und die Renten gefährden würde.

Schon lange nicht mehr waren zumindest westliche Länder so gespalten wie heute. Eine Art Wasserscheide tut sich in allen Industrienationen auf. Sie kennzeichnet einen Graben zwischen den Generationen. Zwischen Jüngeren auf der einen Seite, die auf irgendeine Weise versuchen, ihr Leben zu gestalten und verzweifelt nach Halt und einer positiven Vorstellung von der Zukunft suchen. Und Älteren auf der anderen Seite, die sich diffusen Ängsten hingeben und eine Vergangenheit in die Zukunft tragen wollen, die so nie existiert hat.

Auch wenn es derzeit keine Anzeichen für einen „Krieg der Generationen" gibt, lassen doch gelegentlich aufflackernde Auseinandersetzungen aufhorchen, beispielsweise dieses öffentlich ausgetragene Duell in der „Zeit": Der 33-jährige Alard von Kittlitz schrieb kurz nach dem Bundestagsbeschluss zur saftigsten Rentenerhöhung seit 23 Jahren, dass die Alten die Jungen arm machen würden. Er stellt fest, dass es viel zu wenige wahlberechtigte Junioren gäbe, um politisch wirksam werden zu können. „Das Problem, liebe Eltern", so schreibt er, „ist, dass ihr nicht genug von uns gemacht habt. Wir sind zu wenige." Er sieht in der Rentenerhöhung ein Geschenk an die Senioren als größte Wählergruppe, während die Jungen mal wieder leer ausgingen (Alard von Kittlitz in Die Zeit, Nr. 21/2016).

In der folgenden Ausgabe antwortete an gleicher Stelle Stefan Willeke: „Ihr leidet in Wahrheit nicht, aber ihr steigert euch in einen Weltschmerz hinein, weil euer Hunger nach Mitgefühl kaum zu stillen ist. Ihr bildet euch Schmerzen nur ein. Nicht einmal um Phantomschmerzen handelt es sich, weil da nie etwas gewesen ist, was wehtun könnte und deswegen entfernt werden müsste." (Stefan Willeke in Die Zeit, Nr. 22/2016)

Das ist sicherlich überspitzt. Es zeigt aber, dass zumindest Teile der Jüngeren sich auch in Deutschland nicht ernst genommen, wenn nicht gar verraten fühlen. Der Angriff des 23-Jährigen mag unangemessen gewesen sein. Wenn sich aber die Älteren als Gegner der Jungen gerieren, taugen sie nicht mehr als Vorbild.

Die genannten Beispiele zeigen jedenfalls, dass die Beziehungen zwischen den Generationen nicht mehr stimmig sind. Zwar haben immer schon Söhne und Töchter gegen Väter und Mütter gekämpft und gegen ihre Erziehung revoltiert. Was aber heute zu erkennen ist, ist etwas völlig anderes: Die Älteren verweigern den Jüngeren das Vorbild und erschweren ihren Kindern damit die Zukunft. Diese, auf sich allein gestellt, revoltieren kaum, sondern klinken sich aus. Das ist historisch neu.

In einem funktionierenden Verhältnis der Lebensalter zueinander würden die Älteren den Jüngeren eine geistige und kulturelle Leitplanke abgeben. Sie wären so etwas wie die Sänger und Mythenerzähler der Frühzeit und würden Orientierung bieten. Das durch technoiden Szientismus gekennzeichnete Weltbild der Moderne hat das Alter jedoch aussortiert. Man tut so, als benötige man keine Erfahrung, keine Interpretation von Geschichten und keine Weisheit. Die Qualitäten der Älteren sind nicht gefragt, weil man glaubt, dass Faktenwissen und Kontrolle ausreichen. Deshalb wurden die Alten aufs Altenteil geschoben. In der Postmoderne jedoch würden sie wieder dringend gebraucht.

Es war die Generation der Babyboomer und Rebellen, die diese Entwicklung vorantrieb. Nun kommen sie selbst in ein Alter, wo sie die Bedeutung des Nicht-mehr-gebraucht-Werdens am eigenen Leib zu erfahren beginnen. Anstatt ihre gesellschaftliche Aufgabe gegenüber den Jungen wahrzunehmen, sitzen viel zu viele im Schmollwinkel und erkennen nicht, welche Verantwortung sie gegenüber den Jüngeren tragen. Viele geben sich in ihrem Alltag der Verantwortungsverweigerung, diversen Schuldzuweisungen und massivem Zukunftspessimismus hin.

Mangels ermutigender Geschichten wachsen die jüngeren Generationen in ein mentales Niemandsland hinein, das ihnen keine begeisternden Zukunftsaussichten bietet. Sie sind spirituell heimatlos. Also suchen sie nach eigenen Wegen. Bemerkenswert ist, dass in deren Zentrum anstelle von Konkurrenz und Karriere zunehmend Gemeinsamkeit und Vertrauen stehen.

Der Preis des Pessimismus

Pessimismus hat für Pessimisten große Vorteile, denn als Warner kann man nicht wirklich irren. Geht es schlecht aus, hat man es schon vorher gewusst. Geht es gut aus, kann man sich in der Annahme sonnen, dass die Warnung etwas Positives bewirkt hat. Ein weiterer Vorteil ist, dass man als Kassandra seine Arbeit mit dem erhobenen Zeigefinger schon getan zu haben glaubt. Man kann wunderbar in der Deckung bleiben und braucht sich nicht zu exponieren.

So hat der Pessimist zwar den Charme dessen, der immer recht hat. Er bietet allerdings niemals eine Lösung an. Er bewahrt sich selbst davor, handelnd nach vorne schreiten zu müssen und dabei zu scheitern. Das überlässt er anderen. Scheitern die, kann er wieder seinen Finger erheben und auf Schuldige verweisen. Das ist nicht nur feige, es bewirkt auch Erstarrung. Denn wo nur noch gewarnt wird, kommt jede Entwicklung zum Erliegen.

Der Blick des Pessimisten richtet sich zudem immer auf die Vergangenheit. Er behauptet, von der Zukunft zu sprechen. Er ist sogar selbst davon überzeugt. Wenn er aber den Blick nach vorne wendet, kann er nichts erkennen, außer dem tiefen Schwarz seiner Befürchtungen und Ängste. Deshalb ist er unfähig, jenen feinen Lichtstreifen wahrzunehmen, mit dem sich der Morgen ankündigt.

Aus einem solchen Schatten heraus ist es unmöglich, Strategien zu entwickeln und eine bessere Zukunft herbeizuführen. Aus Sicht der Natur sind Ängste und Pessimismus Notfallprogramme. Sie dienen dazu, uns vor Gefahren zu warnen. Sie eignen sich aber nicht dazu, weiterzukommen. Pessimismus ist in seinem Kern planlos.

Betrachten wir die heutigen Narrative in der Gesellschaft, so fällt auf, dass zwei Extreme vorkommen. Es wuchern nicht nur die Inhibitoren, also die Ängste, sondern gleichzeitig auch die Promotoren, also jene Kräfte, die ungestüm nach vorne drängen. Diese Seite wird vor allem von jüngeren Leuten besetzt.

Entfesselte Promotoren finden sich heute vor allem im Bereich der Technologie, insbesondere der IT. Da wird die schöne neue Welt versprochen. Autos werden selbst fahren, Kühlschränke selbstständig Milch nachbestellen und mit Silikon überzogene Roboter die visuelle und haptische Illusion eines Geschlechtsaktes ermöglichen.

Aber alles hat auch seinen Preis. Dieser besteht darin, dass wir umso mehr Fähigkeiten verlieren, je mehr Bedürfnisse wir zu ihrer Befriedigung an Roboter auslagern. Selbst Autofahren war einmal ein Genuss. Einkaufen ist ein Vergnügen, es kann unseren Jagdtrieb befriedigen und wir treffen andere Leute. Und das notwendige Gefühl mitmenschlicher Nähe wird sich im sexuellen Akt per Roboter auch nicht einstellen.

Was also verlieren wir, wenn wir den Maschinen immer mehr überlassen? Welchen Interessen werden die Entwickler der dazugehörigen Software dienen? Wem würden wir uns ausliefern? Wo genau wäre dieses Leben besser?

Technik ist längst von einer progressiven zu einer repressiven Kraft geworden, schreibt Ágnes Heller in ihrem Buch „Von der Utopie zur Dystopie". Das technoide Denken hat die historische Rolle der Technik in ihr Gegenteil verkehrt. Dennoch sind „technologische Utopien die einzigen, die wir noch haben. Sie sind Märchen für erwachsene Kinder" (Heller 2016).

Allenthalben zeigt sich, dass die schöne neue Welt der Technik keine Perspektiven bietet. Sie ist eine Dystopie, die im Schafspelz einer wohlmeinenden Utopie daherkommt. Wirkliche Lösungen, echte Entwicklungen in Richtung einer Zukunft, die das Leben wirklich besser machen würden, sind diesem Denken schon vom Ansatz her vollkommen fremd.

Es fehlt uns an der Vorstellung, wohin wir eigentlich wollen. Es fehlen uns die alten Elefanten, die für Gelassenheit und einen Reset von negativen Denkmodellen sorgen könnten. Weil sie fehlen, neigen wir dazu, uns in Wagenburgen zu verschanzen.

Seien wir ehrlich: Als Gesellschaft haben wir keine Vorstellung davon, wohin wir wollen. Es gibt keine Vision, keinen wünschbaren Zustand, FÜR den wir uns einsetzen könnten. Gesellschaftlich gesehen, wissen wir noch nicht einmal genau, was wir nicht wollen. Da die Vision fehlt, mangelt es an Beurteilungskriterien, anhand derer wir erkennen könnten, was brauchbar ist und was nicht.

Wohin man auch blickt, überall fehlt der Plan. Vision und Strategie werden durch kurzsichtigen Aktionismus und Herdentrieb ersetzt.

Was fehlt, ist die Mitte.

Epochenbruch? – Anlass zur Hoffnung!

Wir erleben gerade den Bruch einer Epoche. Historische Entwicklungen werden erkennbar, die einem Muster folgen und in deren Mitte wir uns befinden. Historisch gesehen, ist das keine singuläre Erscheinung. So etwas kommt immer wieder vor. Epochenbrüche zeichnen sich stets dadurch aus, dass ganze Wertesysteme nicht mehr gelten. Das stiftet Verwirrung und löst die Orientierung auf. Es ist, als würde die gesamte Gesellschaft ihren Nordstern verlieren.

Der deutsche Sozialwissenschaftler Meinhard Miegel beschrieb unsere Situation: „Diese Krise betrifft nicht nur Staats- und Wirtschaftsformen oder Systeme, sondern eine Kultur, die in ihrem Streben nach Entgrenzung dem Menschen weder Halt noch Orientierung zu geben vermag. Wenn das einmal begriffen worden ist, kann eine neue menschen- und lebensfreundlichere Kultur heranreifen, eine Kultur, die nicht auf Hybris, sondern auf Lebensformen gründet, die dem Menschen gemäß sind." (Miegel 2014)

Miegel ist der Ansicht, dass sich unser Wertesystem gerade grundlegend neu ordnet. Wir alle sind dabei nicht nur Zuschauer. Wir sind Teil eines Wandels, in dem sich Dinge vor unseren Augen auflösen, die wir bislang für unverrückbar hielten. Die Betrachtung historischer Zusammenhänge macht erkennbar, dass es in Wahrheit nicht einfach um Niedergang und bloße Degeneration geht.

Wer auf den Verlauf der Geschichte sieht, der kann erfahren, dass die Übergänge zwischen Epochen immer einem bestimmten Muster folgen. Um dieses Muster zu verdeutlichen, sprach der französische Anthropologe Claude Lévi-Strauss metaphorisch von kalten und heißen Gesellschaften. Kalt ist demnach eine Gesellschaft, deren Struktur und Wertesystem über lange Zeit stabil bleibt. Es gibt wenig Interesse daran, etwas zu verändern. Als heiß bezeichnet er hingegen eine Gesellschaft, die im Umbruch ist (Lévi-Strauss 1973).

Beginnen die Grundannahmen einer kalten Kultur ihre Gültigkeit zu verlieren, so setzen zunächst Anstrengungen ein, um das Alte und Bewährte zu erhalten. Während das traditionelle Weltbild weiter erodiert, steigt die nötige Energie, um das Neue zu vermeiden, immer weiter an. Zugleich entwickeln sich andere Denkmodelle, die nach und nach an Kraft gewinnen.

In dieser heißen Phase ist die Orientierungslosigkeit am größten. Die Schwäche des Alten wird immer deutlicher, während sich noch keine Alternative festigen konnte. Nach und nach bildet sich eine neue Sicht heraus, welche die Dinge anders ordnet. Hat sie sich etabliert, so erkaltet eine Gesellschaft wieder, bis sich der nächste Umbruch abzeichnet.

Solche Umbrüche werden immer als Bedrohungen erlebt, doch sie beinhalten auch ungeahnte Möglichkeiten und Handlungsspielräume. Denn eine Zeit des Umbruchs ist immer eine Phase, in der Regeln und Wertesysteme für die kommende Epoche entstehen. In einer solchen Zeit befinden wir uns.

„Nur wer die Vergangenheit kennt, hat eine Zukunft", meinte Wilhelm von Humboldt. Machen wir uns also auf die Reise an den Beginn jener Epoche, die nun zu Ende zu gehen scheint. Begeben wir uns für kurze Zeit in das Europa vor siebenhundert Jahren.

5. Beginn und Auflösung der Kontrollepoche

„Wer die Vergangenheit nicht kennt, kann die Gegenwart nicht verstehen und die Zukunft nicht gestalten."
Helmut Kohl, Bundestagsrede vom 1. Juni 1995

Wie sind wir da hineingeraten?

Weil der Horizont dunkel zu sein scheint, suchen viele ihr Heil in jener Sorte von Politikern, die zwar lauthals verkünden, das Volk zu repräsentieren, aber nichts anderes im Sinn haben, als Machtgewinn und Zerstörung von Solidarität und Demokratie. In allen Bereichen der Gesellschaft stehen die Zeichen auf Konfrontation. Von Kooperation ist wenig zu sehen.

„Wir befinden uns in einem Moment, wo alles auf der Kippe steht", sagte Emmanuel Macron vor der entscheidenden Stichwahl zur französischen Präsidentschaft. Er meinte damit nicht nur seine Gegnerin Marine Le Pen, sondern die weitaus größere Entscheidung zwischen einer Flucht in eine sich immer weiter in sich selbst zurückziehende Gesellschaft, die sich der Blockade hingibt, und einer offenen Gesellschaft, die es tastend wagt, Veränderungen in Gesellschaft und Denken anzunehmen und nach konstruktiven Wegen zu suchen.

In solch heißen Momenten stehen lieb gewordene Traditionen, als unverrückbar wahrgenommene Sicherheiten und grundsätzliche gesellschaftliche, wirtschaftliche und religiöse Übereinkommen zur Disposition. Die Werthaltungen der Vertreter offener und explorativer Gemeinschaften sind inkompatibel mit jenen der Anhänger geschlossener und kalter Gesellschaften. Da steht die Idee demokratischer Mitbestimmung und Mitverantwortung gegen die restriktive Law and Order-Haltung von Autokraten. Es steht die Suche nach konstruktiven Utopien gegen eine konvergente Dystopie. Letztlich steht Freiheit gegen Kontrolle, Unterwerfung und Gehorsam.

All dies sind beunruhigende Symptome einer Zeit massiven Umbruchs. Die üblichen Erklärungen dafür greifen zu kurz. Viele glauben, dass der Einfluss der Digitalisierung und der Social Media schuld sei, das Versagen der Banken, der Politiker oder der internationalen Organisationen wie EU oder UNO. Oder ganz einfach die angebliche Lustlosigkeit der Jugend. All dies sind interessante Punkte, aber sie allein erklären nicht, worum es geht. Sie beschreiben nur konkrete Stellen, an denen Symptome auftreten.

Aus der Nahsicht sind historische Momente nicht zu verstehen. Dazu ist Distanz notwendig. Erst sie öffnet den Blick in unsere Geschichte. Aus historischem Abstand werden Zusammenhänge und Muster erkennbar. Denn es gab auch früher Momente, in denen ein Weltbild kippte. Auf dieser Grundlage wird verständlich, was uns gerade widerfährt.

Als das Werden im Zentrum des Denkens stand

Um das Jahr 1000 hatte eine Warmzeit begonnen. Das wärmere Klima erleichterte den Ackerbau. Zudem konnten durch die Erfindung des Kummets, des eisernen Pfluges und der Dreifelderwirtschaft höhere Ernten erzielt werden. In den folgenden Jahrhunderten entstanden viele neue Städte und Händler reisten umher. Sie brachten Kenntnis von anderen Welten. Kathedralen wurden gebaut und erste Universitäten errichtet.

Es begann ein Zeitalter kultureller, geistiger und wirtschaftlicher Blüte, das von Neugier geprägt war. Die Ordnung der Natur wurde anerkannt und war Gegenstand von Analyse und Spekulation an den hohen Schulen.

Bedeutsam ist für unseren Zusammenhang, was damals unter „Ordnung" verstanden wurde. Anders als heute standen zyklische und wiederkehrende Elemente der Welt im Zentrum der Betrachtung. Man fragte nach der Absicht, die hinter Kommen und Gehen der Jahreszeiten steht, hinter dem Kontrast zwischen Tag und Nacht. Die Beziehung zwischen Hell und Dunkel war ebenso interessant wie die Spannung, die zwischen positiven und negativen Kräften herrscht. Licht und Dunkel wurde auch eine metaphysische Bedeutung zugewiesen, als Unterschied zwischen Gut und Böse.

Man wollte das Werden verstehen. Es ging um das Geheimnis von Entstehung an sich. In heutiger Sprache würden wir sagen, dass sich der Blick auf die Selbstorganisation in der Evolution der Welt richtete. Auf das, was sich zwischen den Dingen abspielt. Man wollte das Geheimnis ergründen, warum sich Dinge verändern, und dennoch immer denselben Prinzipien gehorchen (Vogler 2012).

Diese Vorstellung ordnete die Welt kreisförmig. Man ehrte die Meister als jene, die vorangegangen waren. Denn sie hatten den Boden bereitet, auf dem die Lebenden nun standen. „Wir sind Zwerge, die auf den Schultern von Riesen stehen", schrieb Bernhard von Chartres (gestorben nach 1124). „Wir sehen mehr und weiter als sie, nicht weil unsere Augen schärfer wären, sondern weil sie uns mit ihrer Kraft emporheben."

Dem Meister wiederum war es wichtig, dass seine Schüler eigene Wege gingen. Die besten unter ihnen betrachteten es als Ehre, wenn sie von ihren Schülern übertroffen wurden. Deshalb stärkte ein guter Meister vor allem Lust, Neugier und Begeisterung und brachte seinen Schülern nicht nur Wissen und Technik bei. Dieses Prinzip galt im Handwerk ebenso wie an den Universitäten. Überall, wo gelehrt wurde, wurde es als edelste Aufgabe der Lehrenden betrachtet, den Schülern, Lehrlingen oder Studenten Sicherheit zu vermitteln und ihnen zu ermöglichen, auf den Schultern ihrer Meister weiter wachsen zu können.

In dieser geistigen Welt entstanden die großartigsten Kathedralen der abendländischen Geschichte. Stein gewordene Bibliotheken, auf denen heute noch in Form von Symbolen diese zirkuläre Weltsicht zu erkennen ist. Diese Symbole sind lesbar für den, der diese Schrift versteht. Nehmen wir zum Beispiel die großen Rosettenfenster gotischer Kathedralen. Sie enthalten die Kernbotschaft der hochmittelalterlichen Weltsicht. Am Punkt in der Mitte setzen zwölf Strahlen an, deren Enden einen Kreis bilden. An diesem

setzt ein weiterer Kreis mit 24 Strahlen an. Je weiter man nach außen geht, umso größer wird der Raum.

Im Werden, so die Bedeutung dieses Symbols, weitet sich der Raum. Jeder Tag bringt neue Möglichkeiten. Das Werden macht Platz. Wo neue Räume entstehen, wird auf allen Ebenen Kooperation und persönliches Wachstum möglich. Verlustängste sind unnötig. Diese symbolische Welt will lehren, wie das Leben gelingen kann. Lehrziel war ein Leben, an dessen Ende man zufrieden zurückblicken konnte.

Der Name, mit dem diese Ordnung des Entstehens bezeichnet wurde, war „Gott". Das ist freilich eine etwas andere Gottesvorstellung, als wir sie heute gewohnt sind. Unter Gebildeten war Gott nicht jemand, der mit weißem Bart auf einer Wolke sitzt, sondern ein Symbol für die überall beobachtbare zyklische, auf das Werden ausgerichtete Ordnung.

Das Jahrhundert der Kalamitäten – eine Welt geht unter

Im Jahr 1315 begann die Katastrophe. In Europa wurde deutlich kälter. Klimaforscher fanden vor einigen Jahren heraus, dass eine Serie von fernen Vulkanausbrüchen die Ursache dafür war. Sie schleuderten so viele Partikel in die Atmosphäre, dass der Himmel sich verdunkelte und es deutlich kälter wurde.

Es regnete drei ganze Sommer lang. Das Getreide verfaulte am Halm. Weil nichts mehr trocknete, konnte für das Vieh kein Heu gemacht werden. Aus dem gleichen Grund verschwand Salz von den Märkten, denn das Wasser in den Salinen verdunstete nicht mehr. Die Preise stiegen ins Unermessliche.

Würde eine ähnliche Katastrophe heute auftreten, so wären wir in der Lage, Nahrungsmittel von weit her zu beschaffen. Damals jedoch war man auf Ochsenkarren angewiesen. Die blieben im aufgeweichten Boden stecken.

Im folgenden Jahr regnete es ohne Unterlass weiter. Die Infrastruktur war bereits weitgehend zerstört. Die Menschen hatten längst ihre Vorräte und auch ihre Tiere verspeist. Um zu überleben, mussten sie zu immer dramatischeren Mitteln greifen.

Die Sozialstruktur brach völlig zusammen. Menschliches Leben galt wenig. Man landete schnell am Galgen. Mönche schrieben grausige Berichte, in denen von Kannibalismus erzählt wird. Der Hunger trieb die Menschen sogar dazu, die Toten aus den Gräbern zu holen. Kindesweglegung erlangte eine gewisse Normalität. Die Urform des Märchens von Hänsel und Gretel dürfte hier ihren Ursprung haben.

Als die Sonne endlich wieder zum Vorschein kam, war längst kein Saatgetreide mehr da. Es dauerte weitere zehn Jahre, bis die Versorgung mit Nahrungsmitteln wieder halbwegs funktionierte. Bis dahin hatte etwa ein Fünftel der Bevölkerung das Leben verloren.

Doch kaum begannen sich wieder Anfänge einer Normalität zu entwickeln, brach über das Abendland mit der Pest die nächste Katastrophe herein. Sie traf 1348 auf eine immer noch vom Hunger geschwächte Bevölkerung. Als diese Welle der Pest abklang, war etwa die Hälfte der Menschen verschwunden. Städte waren ausgestorben, ganze Landstriche verödet.

Nun begannen kriegerische Auseinandersetzungen. Am berühmtesten ist der Hundertjährige Krieg zwischen Frankreich und England (1337–1453). Kleinere Kriege und Kämpfe mit Marodeuren wüteten überall. Die Bedrohung war so allgegenwärtig, dass das Vieh gewohnt war, beim Erklingen eines Hornes oder des Metalls von Panzerreitern eigenständig in den Wald zu fliehen (Gronemeyer 1993, Jordan 1996, Aberth 2000). Das Wertesystem der hochmittelalterlichen Gesellschaft war zusammengebrochen.

Ein neues Weltbild ordnet die Dinge anders

Das Jahrhundert der Kalamitäten wirkte sich gravierend auf das Weltbild der folgenden Epoche aus. Angesichts der nicht abreißenden Kette von Katastrophen konnten unsere Vorfahren das Leitbild der zyklischen Ordnung nicht mehr aufrechterhalten. Hatte der allgegenwärtige Tod nicht alle Zyklen durchbrochen und damit nachgewiesen, dass er stärker war als der Gott der mittelalterlichen Ordnung? Modern ausgedrückt: Das Chaos schien stärker zu sein als die Ordnung.

Die Menschen verloren ihren Halt. Es verschwand jene Sicherheit, die ihrem Leben eine Richtung gegeben hatte. Ohne klare Vorstellung davon, wofür man leben soll, konnten sie keinen Sinn finden. Also machte sich das Abendland auf, um seine Vorstellungen von Welt und Kosmos neu zu ordnen.

Nikolaus Kopernikus (1473–1543) schlug ein Weltbild vor, in dessen Zentrum nicht mehr die Erde, sondern die Sonne stand. Nimmt man die Sonne als Zentrum des Sonnensystems an, so ergeben sich einfach zu berechnende elliptische Planetenbahnen, die exakte Vorhersagen möglich machen (Holder 2015).

Die neue Sicherheit, die das Abendland nun suchte, orientierte sich nicht am Werden, sondern an der Berechenbarkeit. Das Bedürfnis nach sicheren und berechenbaren Erklärungen stieg stetig an. Die Kreisförmigkeit wiederkehrender Ordnung wurde ersetzt durch die lineare Betrachtung des Geschehens. Das individuelle Leben wurde nicht mehr als Teil eines Zyklus gesehen, sondern als einzige und letzte Gelegenheit, etwas zu erreichen.

Der Mensch der Neuzeit pochte auf seine individuelle Vernunft. Er musste, wie Michel Foucault es ausdrückte, sich selbst erschaffen, umbilden und verbessern, um seine Existenz zu rechtfertigen und „sein Heil zu schaffen". (Foucault 1986)

Damit trat er heraus aus einer alten Ordnung, in der jeder seinen Ort in der Welt besaß, einen unangezweifelten Halt fand und Sinn im Leben finden konnte. Einzigartigkeit wurde dem Individuum zur Pflicht (Gronemeyer 1993).

Bis sich dieses neue Weltbild wirklich etablieren konnte, dauerte es einige Zeit. Zwar begannen sich mit der Renaissance erste Konturen zu entwickeln. Es darf aber nicht übersehen werden, dass der von Giorgio Vasari im Jahr 1550 erstmals verwendete Begriff des „Rinascimento" rückwärtsgerichtet war und so viel bedeutet, wie „Wiedergeburt der Antike".

Das neue Denken gelangte erst später zu seiner Blüte. Manifest wurde es erst durch die „Encyclopédie ou Dictionnaire raisonné des sciences", herausgegeben von Denis Diderot und Jean-Baptiste le Rond d'Alembert im 18. Jahrhundert. Damit war die Idee verbunden, dass das Wissen der Welt auf Papier zu drucken und zwischen Buchdeckel zu zwängen sei. Erst damit, so der große französische Historiker Jacques le Goff, positionierte sich der abendländische Mensch als außenstehender Betrachter der Welt (Le Goff 2016).

Der Traum der Neuzeit, dass die Ordnung der Welt durch den Menschen vollkommen erfassbar sei, fand mit der Enzyklopädie Diderots und D'Alemberts seinen ersten materiellen Ausdruck. Irgendwann jedoch geschah es, dass sich der Enthusiasmus der Aufklärung, alles erfassen und erklären zu können, zur Vorstellung wandelte, auch alles kontrollieren zu können.

Niedergang und Zerfall

Wenn wir heute staunend, erschrocken oder gar verzweifelt vor den Nachrichten stehen und mit immer neuen Krisen, Katastrophen und Verrücktheiten aller Art bombardiert werden, so erleben wir den Niedergang jenes Denkmodells, das von der Vorstellung ausging, der Mensch sei in der Lage, die Ordnung zu erschaffen.

Jetzt, im 21. Jahrhundert, erwachen wir aus diesem Traum. Immer drastischer wird uns vor Augen geführt, dass wir nicht in der Lage sind, Herren der Ordnung zu sein. Nun holt uns ein, dass übersehen wurde, dass auch der Mensch nicht mehr ist als ein Teil der Natur. Das ist die vierte große Kränkung der Moderne.

Die ersten drei Kränkungen wurden von Sigmund Freud formuliert. Als erste nannte er die kosmologische Kränkung durch Kopernikus, der die Erde aus dem Zentrum des Universums stieß. Die zweite verursachte Charles Darwin mit der Evolutionstheorie, indem er nachwies, dass der Mensch aus der Tierwelt hervorgegangen ist. Die dritte bereitete Freud selbst seinen Zeitgenossen, indem er die Macht des Unbewussten aufdeckte.

Die vierte Kränkung löst den unbedingten Glauben an die Kraft der menschlichen Vernunft auf. Nachweise dafür gibt es mittlerweile fast täglich. Schlagworte wie „Postfaktisches Zeitalter" und „Fake News" kennzeichnen diesen Bruch (Guwak, Strolz 2012). Zwar sind gut überlegte Argumente immer noch hoch angesehen, Wirkung wird aber mit anderen Mitteln erzielt. Wir müssen erkennen, dass uns Gefühle und Instinkte weit mehr steuern, als wir das gerne hätten.

Das Projekt Neuzeit, in dessen Zentrum der Glaube an die Macht des Denkens stand, neigt sich seinem Ende zu. Wohl machte die Neuzeit den Menschen zum Maß aller Dinge und hob ihn damit aus der Natur heraus. Mit zunehmender Deutlichkeit zeigt sich, dass das eine theoretische Konstruktion ist, die nicht mehr haltbar ist angesichts der multiplen Krisen, derer wir nicht Herr werden.

„Was ist eigentlich diese Krise?", fragt Meinhard Miegel. „Ihre Symptome sind wohlbekannt: Banken, die sich hoffnungslos verspekuliert haben; kollabierende Unternehmen und Märkte; verbreitete Arbeitslosigkeit; immense öffentliche Schulden und Staaten, die sich nur dank der Hilfe Dritter mühsam über Wasser halten." (Miegel 2014) Hinzuzufügen ist, dass uns grundlegende Rohstoffe ausgehen. Darunter nicht nur fossile Brennstoffe, sondern auch der weltweit verfügbare Ackerboden. Sogar der für die Bauwirtschaft unerlässliche Sand wird knapp.

Wenn junge Leute heute Verzicht üben, kein Auto mehr benötigen und neue Wege des Miteinanders entwickeln, dann zeigen sie, dass sie den Paradigmen von Kontrolle, Wachstum und Fortschritt nicht mehr so einfach folgen wollen. Sie suchen andere Wege für ihr Leben. Sie legen den Finger auf die richtigen Stellen.

Wir haben unseren Erfindungsreichtum und unsere Neugier benutzt, um dem Schrecken der Pestzeit zu entfliehen. Darin waren wir sehr erfolgreich, und seither ist es immer besser gelungen, sich die Güter der Erde dienlich zu machen.

Nun aber pervertiert ein über sieben Jahrhunderte geltendes Paradigma. Es verkehrt sich in sein Gegenteil. Habsucht, Hass, Gier und Maßlosigkeit galten einst als Laster, gar als Todsünden. Sie sind inzwischen vielfach zu Tugenden geworden. Der alleinige Maßstab ist der materielle Erfolg. Ihm wird alles untergeordnet. Dadurch aber haben sich die Grenzen zwischen Gut und Böse verschoben.

Das ängstigt und macht krank.

Lichtstreifen am Horizont

Ein Epochenbruch mag sich vielleicht anfühlen wie ein Weltuntergang. Die Situation mag aussichtslos erscheinen. Aber sie ist es nicht. Denn nicht die Welt geht unter, sondern nur eine historisch gewachsene Weise, sie zu sehen.

Es gibt neue Ansätze. So verschieden sie auch sein mögen, sie alle zeichnet die Suche nach einem anderen, vertrauensvollen Umgang untereinander aus. Inzwischen sind diese Pioniere weit über das Versuchsstadium hinaus. Viele von ihnen entstehen gerade in der Arbeitswelt. Hier fünf Beispiele, die einen kurzen Einblick davon vermitteln, wie erfolgreich sie bestehende Paradigmen brechen. Drei stammen aus der Wirtschaft. Aber sogar in Gefängnisverwaltungen und beim Militär hat das Umdenken eingesetzt.

Poult

Poult ist einer der größten Kekshersteller der Welt mit Standort im südfranzösischen Montauban. Das Unternehmen wurde 1883 gegründet und hatte eine streng hierarchische Führungsstruktur. Einer der Mitarbeiter erzählt: „Wir waren wie Roboter. Es galt damals die Regel: Tu, was man dir sagt, und denk nicht nach.“

Als Poult im Jahr 2001 in wirtschaftliche Schwierigkeiten geriet, übernahm der belgische Finanzexperte Carlos Verkaeren das Unternehmen. Er wollte es nicht mehr so machen wie alle anderen. „Ich weiß genau, welche Schäden Sozialpläne anrichten“, sagte er. „Fabriken schließen, Leute entlassen und Kosten senken, das kann jeder. Die Sanierung durch neue Produkte und Methoden ist viel schwieriger. Genau das hatten wir vor!“

Fortan wollte er nicht mehr auf die Fantasie und Kreativität der eigenen Mitarbeiter und Mitarbeiterinnen verzichten. So lud er 2006 die gesamte Belegschaft zu einem großen Workshop, in dem gemeinsam Verbesserungen entwickelt werden sollten.

Das wichtigste Ergebnis war, dass die Belegschaft selbst auf die Idee kam, keine Manager in der Produktion zu benötigen. Alles Nötige, so meinten sie, könnten sie auch selbst entscheiden.

Das löste Ängste bei den betroffenen Teamchefs und Abteilungsleitern aus. Die meisten verließen das Unternehmen. Aber auch die Kollegenschaft war verunsichert, als sie verstand, dass nun sehr viel Eigenverantwortung übernommen werden musste. Durch all die Jahre der Kommandowirtschaft hatten sie ihr Selbstvertrauen eingebüßt. Sie trauten es sich einfach nicht zu, selbst Verantwortung zu übernehmen.

Die Idee wurde dennoch konsequent weiterverfolgt. Letztlich ersetzten funktionierende Beziehungen die alte Hierarchie. Alle Entscheidungen werden von kleinen Gruppen getroffen, die ihre Arbeit selbst organisieren. „Heute sind nicht nur unsere Hände gefragt, sondern auch unser Kopf", erklärt eine Mitarbeiterin. Dahinter steckt eine klare und konsequente Strategie der Poult-Gruppe. In deren Zentrum steht ein für alle gedeihliches Miteinander.

Indem sie Mitverantwortung tragen, wachsen die Mitarbeiter persönlich. Sie lernen nicht nur etwas über finanzielle Zusammenhänge und EDV. Durch die gegenseitige Unterstützung, die sie anderen gaben und selbst durch andere erfuhren, wuchsen Selbstvertrauen, Freude, Würde und Stolz. Heute ist die Unternehmenskultur bei Poult von gegenseitigem Vertrauen getragen.

„Mitarbeiter anderer Unternehmen halten uns für Marsmenschen. Aber wir sind nicht anders als alle anderen auch. Wir haben nur die Bedingungen geändert, unter denen wir arbeiten", sagt einer der Mitarbeiter. Die Zufriedenheit der Mitarbeiter und Mitarbeiterinnen gibt Carlos Verkaeren recht, ebenso wie der wirtschaftliche Erfolg des Unternehmens.

Chronoflex

Chronoflex, ein Spezialunternehmen zur Reparatur von Schläuchen aller Art, kam ins Trudeln, als die Finanzkrise 2008 auch an ihre Türe klopfte. Alexandre Gérard stand vor der Schreckensvision, Mitarbeiter entlassen zu müssen. „Ich bin ein Mann, der etwas aufbauen will. Ich bin einfach nicht dafür gebaut, Menschen zu entlassen", sagt er heute.

So stellte er sich vor seine 260 Mitarbeiter und Mitarbeiterinnen und verkündete ihnen: „Wir vom Management geben euch die Macht, zu entscheiden. Nehmt sie euch!" Die erste Reaktion war ein Freudenfest. Bald aber traten Selbstzweifel auf.

Die Gestaltung der Autonomie stellte sich als schwieriger heraus, als zunächst angenommen. Da entschied sich Alexandre Gérard zu einem radikalen Schritt und ging sieben Monate auf Weltreise.

Die Belegschaft nahm den Aufruf zur Selbstverantwortung ernst. Kaum war Gérard weg, setzten sie eine Mitarbeiterversammlung an. Die Neuordnung des Gehaltssystems stand ganz oben auf der Tagesordnung. „Ich bekam wirklich Angst", erzählt Gérard. Aber er hielt durch und griff nicht ein.

Die Mitarbeiter und Mitarbeiterinnen leisteten gute Arbeit. Ihre Initiative revolutionierte das Gehaltssystem. Sie fanden einen Modus, der alle Betroffenen befriedigt. Insgesamt ist die Zufriedenheit im Haus außerhalb jeder Norm. „Als ich eingestellt wurde, habe ich vor Glück geweint", sagt Emilie, eine Mitarbeiterin.

Auch dieses Unternehmen ist sehr erfolgreich.

Der Psychologe Isaac Getz nennt solche Unternehmen „befreit" (Carney, Getz 2009). Denn sie brechen scheinbar unumstößliche Paradigmen und machen sich frei davon. Wie eine ganze Reihe anderer Unternehmen auf der Welt setzen auch Poult und Chronoflex gänzlich auf die Eigenverantwortung ihrer Mitarbeiter und verzichten auf klassische Machtausübung.

Sie nehmen Mitarbeiter als Menschen ernst, nicht nur ihre Arbeitskraft. Dabei beschreiten sie sehr unterschiedliche Wege. Am Ende entdeckten sie, dass man den Mitarbeitern vertrauen kann und dass diese sehr gut wissen, was möglich ist und was ihnen guttut. Das schweißt Teams zusammen und erhöht Engagement und Loyalität in einem bisher unbekannten Ausmaß.

Conform

Auf diesem Weg ist auch ein mittelständisches Unternehmen aus Imst in Tirol. Conform ist eine Tischlerei, die sich auf Badezimmermöbel spezialisiert hat. Anders als bei Poult oder Chronoflex war es hier der wirtschaftliche Erfolg, der Herbert Schwingenschuh andere Wege beschreiten ließ.

Bereits am Start seines Unternehmens hatte er ein bisher unwidersprochen geltendes Paradigma gebrochen. Er wollte seinen Kunden keine langen Lieferzeiten zumuten. Jeder Unternehmer, so dachte er, strebt nach vollen Auftragsbüchern. Sind sie voll, dann müssen Kunden lange Wartezeiten hinnehmen. Wie wäre es, so fragte er sich, wenn wir das Paradigma brechen und stattdessen die Lieferzeit als strategische Konstante einsetzen?

Das Ergebnis dieser Überlegungen war eine organisatorische Revolution. Er ent-
wickelte eine Produktionsform, die er „industrielle Manufaktur" nennt. Geliefert
wird binnen neun Tagen, egal was bestellt wird. Trotz dieser Geschwindigkeit sind
Maßanfertigungen üblich. Angebote werden innerhalb von 24 Stunden nach An-
frage gestellt. „Die Überraschung bei unseren Kunden war groß, als wir konstante
Lieferzeiten anboten." Der geschäftliche Erfolg ließ nicht lange auf sich warten.

Dieser generierte jedoch als Nebeneffekt ein kulturelles Problem. Trotz seiner
mittlerweile 60 Mitarbeiter und Mitarbeiterinnen funktionierte der Betrieb in
seiner mentalen Verfassung immer noch wie ein kleiner Handwerksbetrieb: Der
Chef entschied allein. Das ließ sich angesichts des rasanten Firmenwachstums nicht
mehr halten.

Herbert Schwingenschuh erkannte, dass im Gleichtakt mit dem Wachstum ge-
genseitiges Misstrauen und Opferhaltung Einzug gehalten hatten. Ihm war klar,
dass dadurch das sensible Gleichgewicht der Abläufe in seiner industriellen Manu-
faktur gefährdet war. Um zu funktionieren, ist ein Klima des Vertrauens und ge-
genseitiger Unterstützung aller Beteiligten notwendig. Also beschloss er, die gelebte
Kultur in seinem Unternehmen anders zu gestalten.

Er entschied sich für die Einführung einer „vertrauensbasierten Unternehmens-
kultur". Ziel sollte die Erhöhung der Freude im Unternehmen sein, echte Über-
nahme von Verantwortung sowie der Stolz auf die eigene Arbeit. Er begann mit
der allmählichen Freigabe von Kompetenz.

Der schwierigste Teil des Projektes bestand darin, die bestehenden Bedeutungs-
rahmen im Unternehmen zu ändern. „Es ist sinnlos, wenn eine Stelle der Produk-
tion große Stückzahlen schafft, andere Teams aber damit überfordert sind. Wir
brauchen keine einzelnen Olympiasieger, sondern gemeinsamen Erfolg im Zu-
sammenspiel. Alles muss im Fluss sein und harmonisch miteinander schwingen",
meint er.

Es dauerte eine Weile, bis erste Gruppen bereit waren, dem neuen Weg zu ver-
trauen. Dann aber begannen sie, gemeinsam Vorschläge zur Verbesserung ihrer
Arbeit zu entwickeln und sie im Team mit dem Chef zu diskutieren. Ohne dass
dies ein besonderes Thema gewesen wäre, lernten sie dabei, Eigenverantwortung
zu übernehmen. Wie bei Poult erfuhren sie, dass nicht nur ihre Hände gefragt
waren, sondern auch ihr Kopf. Sie wurden als ganze Menschen ernst genommen.
Nach etwa einem Jahr hatte die Entwicklung der Organisationskultur so viel
Kraft gewonnen, dass sie begann, Eigendynamik zu entwickeln. Die Begeisterung
begann zu einem bestimmenden Element des Arbeitstages zu werden.

Heute entscheidet zwar letztlich immer noch der Chef als Eigentümer. Das be-
schränkt sich aber zunehmend auf die Diskussion der von den Mitarbeitern kom-
menden Vorschläge. Früher hatte er einzelne Handlungen vorgeschrieben, jetzt
konzentriert er sich fast ausschließlich auf seine strategischen Aufgaben. Die Ge-
staltung der Abläufe und die Umsetzung überlässt er seinen Mitarbeitern. „Das
Geheimnis des Erfolges ist das Klima der Begeisterung. Sie muss das Ziel sein. Der
wirtschaftliche Erfolg ist nur das Ergebnis."

Lange Zeit galten solche Unternehmen als isolierte Exoten, weil sie ihre
Mitarbeiter ernst nehmen, ihren Fähigkeiten und ihrem guten Wollen ver-
trauen. Es werden aber immer mehr. Darunter sind Unternehmen wie der
Druckgusserzeuger FAVI, die mobile Pflege von Buurtzorg oder Tele Haase
aus Wien, aber auch Großunternehmen wie W. L. Gore – bekannt durch
Gore-Tex –, der brasilianische Maschinenbauer Semco oder der chinesische
Haushaltsgerätehersteller Haier.

Kamen die drei besprochenen Beispiele aus Betrieben mit mutigen Unternehmern, so beweisen die beiden folgenden, dass auch Organisationen, von
denen man das überhaupt nicht erwarten würde, zu ähnlichen Schlüssen
kommen.

Wie die Niederlande Gefängnisse schließen

Gefängnisse sind kein Ort, wo man sein möchte. Nebenbei ist ihr Unterhalt
auch sehr teuer. Während in vielen Ländern der Welt die Zahlen der Insassen
steigen, sinken sie in den Niederlanden. Mit der Folge, dass in den Anstal-
ten große Überkapazitäten leer standen. Seit 2014 wurden in den Niederlanden über zwanzig Gefängnisse geschlossen. Man ging sogar dazu über,
nicht mehr nötige Zellen an andere EU-Staaten zu vermieten. Wie konnte
es dazu kommen? Man wollte Geld sparen. Rund 69 Millionen Euro sollten
es werden.

Natürlich fragt man sich sofort, wie das mit Gefangenen geschehen soll,
die mitunter gefährlich und gewalttätig sind. Wollte man die Gefängnisse
leer bekommen und gleichzeitig die Gefahr für die Bevölkerung senken,
dann bedurfte es einer Idee, die mit bestehenden Paradigmen brach.

Menschen, die im Gefängnis landen, sind meist lange zuvor rechtsbrüchig
geworden, um in ihrer Umwelt überleben zu können. Viele haben ihr Leben

lang kein Vertrauen erfahren. Entfremdung ist das Ergebnis. Dieser Prozess setzt sich im klassischen Gefängnis fort. Bei der Entlassung sind sie dann noch zorniger auf die Gesellschaft, als sie es zuvor gewesen sind.

„Ich bin tief davon überzeugt – und alle meine Erfahrungen belegen das –, dass Vertrauen der einzige Weg ist, um Menschen zu ändern", sagt die Kriminologin Alison Liebling von der Universität Cambridge (Liebling 2016). Wenn Menschen kein Vertrauen entgegengebracht wird, verweigert man ihnen automatisch die Möglichkeit, Vertrauenswürdigkeit zu beweisen. Wer nur als Risiko und Gefahr gesehen wird, kann sich nicht entwickeln. Ihm bleibt nur der Weg in die Eskalation.

Die Niederlande entwickelten auf Basis dieser Einsichten eine spezielle Strategie. Die holländischen Gefängnisse sollten zu Orten werden, an denen persönliches Wachstum möglich ist. Und zwar nicht nur für die Gefangenen, sondern auch für die Wärter. Denn erfolgreich, so die niederländische Lesart, sind Wärter nur dann, wenn die Gefangenen sich gut re-integrieren können.

Sollen Gefangene sich also gut resozialisieren können, dann müssen sie die Gelegenheit bekommen, Vertrauen zu erfahren und es zu geben. „Wenn du Verzweiflung verstehen willst, dann musst du studieren, was Menschen begeistert", sagt Liebling.

Holländische Gefangenenhäuser gingen unterschiedliche Wege, doch alle geben einen Vertrauensvorschuss. Missbraucht ein Gefangener dieses Vertrauen, wird er zurückgestuft. So entsteht ein Sog in die richtige Richtung. Dabei ist es erstaunlich, welche Aufgaben den Gefangenen übertragen werden. Beispielsweise arbeiten sie als Schülerlotsen oder führen Gruppen von Besuchern, andere wiederum üben unterschiedliche Tätigkeiten im Gemeindeamt aus.

Die klassischen, brutalen Zellenhierarchen können in diesem Modell keine Macht entfalten. So entsteht ein vollkommen anderes Klima, eine andere Kultur. Sogar in einer Strafanstalt.

USS Michael Monsoor

Wie oft hört man von Managern in großen Unternehmen, dass Vertrauen und Mitarbeiterbeteiligung nur in ruhigen Zeiten möglich wären. Gehe es jedoch hart auf hart, so seien Straffheit und strikter Weisungsgehorsam unerlässlich.

Dass das Gegenteil der Fall ist, beweist die „Michael Monsoor", ein neuer Tarnkappenzerstörer der US-Navy. Dieses Schiff ist nicht irgendein Fischkutter, sondern der Stolz der Navy. Es beherbergt eine Unzahl modernster Waffensysteme und hat 148 Mann Besatzung.

Sensationell ist die Führungsstrategie auf diesem Schiff. Man initiiert eine Organisationskultur, deren Ziel die persönliche Entwicklung aller Crew-Mitglieder ist. Nicht Befehl und Gehorsam, sondern gegenseitige Unterstützung stehen im Zentrum der Überlegungen. Da die bisher üblichen Kommandostrukturen die Entscheidungsfindung verlangsamen, werden sie aufgegeben.

Zusammenhalt, gegenseitige Unterstützung und Teamloyalität lassen sich nicht befehlen und anordnen, meint Captain Scott Smith. „Wir lernen hier alle gemeinsam, wie das am besten geht." Im Fokus seiner Führungsaufgabe steht das Schaffen und Pflegen eines Klimas, in dem das selbstverständlich ist.

Der neue Ansatz: Gerade in Krisen – und als solche sind mögliche Kampfeinsätze zu betrachten – bewährt sich viel eher das Orchester selbstständig denkender Individuen, das die Lösungssuche auf viele gleichberechtigte Menschen verteilt.

Wenn sogar die US-Navy ihre Führungsstrategie überarbeitet und ernsthaft darangeht, Menschen zu vertrauen, dann sollte man sich auch in anderen Organisationen Gedanken machen, ob es nicht an der Zeit wäre, ein gedeihliches Miteinander in das Zentrum der Anstrengungen zu stellen.

6. Einander verstehen

Der Häuptling und die drei zentralen Lebensalter

Die Wege, die von den genannten Organisationen eingeschlagen werden, funktionieren gut, weil sie Antworten bieten auf menschliche Grundbedürfnisse. Sie schaffen Raum, in dem sich Menschen entwickeln können, und sie fördern die Qualität von Beziehungen zwischen Individuen und Teams. Stets stehen Gemeinsames und Zusammenspiel im Vordergrund.

Dass die Bedeutung von Beziehungsqualität auch das Zusammenspiel der Generationen betreffen muss, erzählt eine Geschichte, die Robert Schmid, ein befreundeter Ethnologe, vor einiger Zeit aus dem Pazifik-Staat Samoa mitbrachte.

Robert war gerade aus der Südsee zurückgekommen. Mehrere Monate hatte er im Haus von Chief Tuliaupupu Fata Lupematasila Pala Limā verbracht, einem Häuptling von Upolu Island in Samoa. Der Chief war ein kluger Mann.

Die Menschen auf dieser Insel leben zufrieden, berichtete Robert. Aufgefallen war ihm, dass alle Lebensalter in dieser Inselgesellschaft eine große Bedeutung hatten. Niemand schien sich einem anderen überlegen zu fühlen oder sich unterordnen zu müssen. Offenbar hatte hier jeder und jede einen sicheren Platz in der Gemeinschaft. Egal ob jung oder alt, alle zeigten die größte Achtung voreinander. Das war so ganz anders als das, was er aus Europa kannte. Eines Abends wurde dieser Unterschied zum Gesprächsthema.

„Alte Männer sitzen zusammen und reden. Und voll entwickelte Männer führen die jungen Krieger", sagte Chief Tuliaupupu. Die Redensart sprach zwar von Männern, der Stammeschef beeilte sich jedoch sofort zu erklären, dass dies für beide Geschlechter gelte. Der Spruch bezeichne ein allgemeines Prinzip.

Jede Generation, so meinte er, wandert nach und nach durch alle drei Phasen. Man beginnt als junger Erwachsener, reift heran und wird schließlich alt. Jede Phase hat im Gefüge der Gesellschaft eine eigene Funktion. Zwischen den Abschnitten gibt es Perioden des Überganges. Dieses Prinzip ist in seinem Kern dynamisch.

So sei niemand überflüssig, zu jung, zu alt oder zu dumm. Jedes Mitglied erfülle eine seinem Lebensalter entsprechende Funktion. Für das Funktionieren der Gemeinschaft sei dieses Zusammenspiel unerlässlich.

Dieses Konzept funktioniert völlig anders, als wir es aus modernen Industriegesellschaften kennen. Es geht nicht um Karriere, Besitz oder um persönliche Vorteile, sondern um das, was jeder zum Gemeinsamen beitragen kann. Der Fokus richtet sich auf die Zukunftsfähigkeit des Ganzen, der gesamten Gemeinschaft. Das gilt selbstverständlich auch unabhängig vom Geschlecht. Nur wer etwas für das Ganze leistet, kann Prestige erringen.

Dieses Prinzip ist seit Anbeginn des Menschen erprobt. Es wurde in Gesellschaften entwickelt, deren Umwelt wechselvoll und voller Gefahren war. Erst mit Hilfe dieses Prinzips wurde der frühe Mensch überlebensfähig, weil es die Gemeinsamkeit stärkte. Die Rede des Chiefs von den drei Lebensaltern des Erwachsenen deutet an, dass jeder Mensch im Verlauf seines Lebens verschiedene Funktionen zu erfüllen hat. Je nach Lebensalter verändern sich seine Aufgaben.

Die jungen Erwachsenen

Beginnen wir mit den erwähnten „jungen Kriegern", also jenen jungen Leuten beiderlei Geschlechts in einer Stammesgesellschaft, die erwachsen geworden sind. Typisch für sie ist, so Chief Tuliaupupu, dass sie ihren Wert beweisen wollen. Sie besitzen jugendliche Kräfte und brauchen die Anerkennung der Älteren, um ihren Platz in der Gesellschaft zu finden.

Das ist bei uns nicht anders. In Sportveranstaltungen siegen, ein Start-up gründen und Vollgas geben, in Beruf oder Studium herausragen, sich als besonders clever oder ausdauernd erweisen, aber auch sich besonders widerborstig und lässig zeigen – damit tun sich junge Erwachsene hervor. Junge Menschen wollen beweisen, dass sie dazugehören und etwas beitragen können. Das gilt auch, wenn sie die Gesellschaft kritisieren oder diese bekämpfen. Hinter all der Demonstration jugendlicher Kraft verbirgt sich die Suche nach Anerkennung.

Diese Demonstration jugendlicher Kraft, von der das Stammesoberhaupt spricht, hat eine Schattenseite: Es fehlt an Erfahrung. So kommt es – auch das ist allenthalben zu beobachten –, dass viele Fehler passieren, weil dem jugendlichen Impetus die koordinierende Richtung fehlt.

Wir neigen heute dazu, dem Individuum alles gleichzeitig abzuverlangen. Alle sollen ewig jugendliche Kraft haben, koordiniert und strategisch vorgehen und damit auch noch dem Gemeinwohl verpflichtet sein. Das Idealbild des Menschen, das sich seit dem 19. Jahrhundert entwickelt hat, ist eine eierlegende Wollmilchsau. Er ist ständig aktiv, vor allem als Konsument, trifft ohne Unterlass richtige Entscheidungen und findet definitive, fehlerfreie und ewig gültige Ideallösungen.

Traditionelle Gesellschaften, wie jene in der Südsee, lassen den Menschen so sein, wie er ist. Auch sie verlangen Leistung, wählen aber ein anderes Bezugssystem. Im vitalen Zentrum ihrer Überlegungen steht nicht das Individuum, sondern das Kollektiv. Die Gemeinschaft als Ganzes muss die bestmögliche Leistung in konkret gegebenen Situationen erbringen können. Das geht nur, wenn alle die Möglichkeit bekommen, ihre eigenen Stärken zu finden und zu entwickeln. Nicht das Einzelgenie ist gefragt, sondern die kollektive Intelligenz. Ganz so wie Sepp Herberger es beschrieb, der legendäre Trainer der deutschen Fußballnationalmannschaft: „Ich brauche die beste Elf, nicht die besten elf!"

Von dieser Seite gesehen, ergibt sich ein völlig anderes Menschenbild. Wenn es um das Beste für die Gemeinschaft geht, dann stehen vorhandene Stärken im Fokus. Wir hingegen tun oft das Gegenteil, weil wir uns angewöhnt haben, auf Schwächen zu achten – um diese dann auszunützen.

Im mittleren Alter des Erwachsenen

Menschen in der Mitte des Lebens sollen, so sagte der Häuptling, die Jungen führen. Sie haben die jugendliche Sturm- und Drangzeit hinter sich. Sie haben ihren Ort in der Gesellschaft gefunden und können sich in ihr bewegen. Dabei helfen ihnen Routinen, die sie auf ihrem Weg entwickelt haben.

Ihnen kommt im gesamten Zusammenspiel die Aufgabe zu, die Kraft der Jungen zu koordinieren. Das tun sie in traditionellen Gesellschaften vor allem durch Lob und Anerkennung. Junge Leute, die etwas für die Gemeinschaft leisten, werden von ihnen bestätigt, geehrt und gewürdigt.

Mit der Anerkennung, die Menschen in der vollen Blüte ihres Lebens den Jüngeren geben, säen sie Stolz und Freude. Die Jungen, stets auf der Suche nach Halt und Richtung, finden darin ihre Orientierung. Je besser das klappt, je konstruktiver die Anerkennung, je klarer die Bestätigung, umso geringer fällt der Verlust an jugendlicher Kraft in einer Gesellschaft aus. Anerkennung ist unerlässlich für positive Orientierung. Wo dagegen gestraft, gekränkt, erniedrigt und beleidigt wird, dort entsteht nur Vermeidung und

Ausweichen. Gelernt wird, was man nicht tun soll, jedoch nicht, was getan werden sollte. Außerdem schürt Bestrafung ein Klima des Misstrauens.

Wahrnehmung und Anerkennung durch Erfahrenere lässt Menschen persönlich wachsen. Von jemandem anerkannt zu werden, der mehr Kompetenz hat als man selbst, verursacht ein gutes Gefühl. In solchen Situationen überschwemmt uns der Körper mit Wohlfühl-Hormonen. Diesen „Dünger der Begeisterung" (Hüther 2011) konstruktiv einzusetzen, wäre die Aufgabe des mittleren Lebensalters. Vertrauen, Lebensfreude und Stolz würden entstehen.

Die Aufgabe der Älteren

Von den Alten sagt Chief Tuliaupupu, dass sie zusammensitzen und reden. Auch das steht in einem Zusammenhang mit dem sozialen Ganzen. Sie sollen ihre Lebenserfahrung wirksam werden lassen. Die Stärke der Älteren liegt in ihrer Erfahrung und Weitsicht. Sie müssen für die Zukunftsfähigkeit der Gemeinschaft Sorge tragen.

Dafür genügt es allerdings nicht, einfach nur alt zu sein. Reflexion und Abwägung von sozialen Wirkungen, Folgewirkungen, Wechselwirkungen und Resonanzen sind zu bedenken. Die Lebenserfahrung befähigt dazu, will aber auch in verantwortlicher Weise genutzt werden.

In den Gesprächen der Älteren geht es um die Überlegung, was sowohl dem Wohl Einzelner als auch dem Wohl der Gemeinschaft nützt. Sieben Generationen im Voraus seien Folgen und Wirkungen zu bedenken, verlangt ein indianisches Sprichwort. Für die Gemeinschaft sind dafür zuallererst die Älteren bestimmt.

Sollen die Mittleren den „Dünger der Begeisterung" anwenden, so kommt den Älteren die Aufgabe zu, ihn richtig anzurühren. Die Lebenserfahrung befähigt sie dazu, weiter zu sehen. Sie können Folgewirkungen besser abschätzen. Ihre Erfahrung ermöglicht es ihnen aber auch, begeisternde und energetisierende Ideen, Vorstellungen und Weltbilder zu entwerfen. Das Aufgabenfeld der Älteren besteht somit aus Herstellung und Pflege sozialer Zukunftsvorstellungen und Strategien.

Im perfekten Zusammenspiel der Lebensalter wäre das Ergebnis die klare Orientierung und die Antwort auf die Frage, wohin es eigentlich gehen soll. Die Älteren schaffen damit den Rahmen für die Entwicklung der Gesellschaft. Das wäre ihre Aufgabe und die Basis dafür, auch noch in hohem Alter Lebenssinn zu finden.

Dieses Modell der Zusammenarbeit der drei zentralen Lebensalter des Erwachsenen bildet die soziale Grundlage, auf der es unsere Vorfahren geschafft haben, sich über die Welt auszubreiten. Es stellt die Fähigkeiten jedes Lebensalter in den Dienst des Gemeinwohls und erkennt sie an. Das ist seit jeher das besondere Erfolgsrezept des Homo sapiens. Es verleiht jedem Menschen Würde und Wert.

Die Welten heute lebender Generationen

Damit das Zusammenspiel der Generationen gut funktionieren kann, sind einige Voraussetzungen zu erfüllen. Die wichtigste ist, einander zu verstehen. Verbales Verständnis reicht dafür aber nicht aus. Jeder Mensch ist in einer bestimmten Umwelt aufgewachsen, die ihn geprägt hat. Es macht einen Unterschied, ob jemand in der Stadt oder am Land groß geworden ist, im kühlen Norden oder im heißen Süden, ob es Geschwister gibt und wenn ja wie viele. Viele Dinge dieser Art wirken sich maßgeblich auf das spätere Weltverständnis eines Menschen aus.

Ein entscheidender Faktor ist die Umwelt, in die ein Mensch hineingeboren ist. Formend wirken auch die allgemeinen Lebensbedingungen, die zur Zeit des Heranwachsens herrschten. Verschiedene Altersgruppen werden verschieden geprägt, wenn die Welt um sie jeweils anders ist. Solche Prägungen bleiben oft ein ganzes Leben lang bestehen.

Verschiedenheiten in den Erlebniswelten unterschiedlicher Generationen bieten ein weites Feld für mögliche Missverständnisse. So fällt es Menschen, die Kriegs- und Nachkriegszeit erlebt haben, mitunter nicht leicht, die Denkweise jener nachzuvollziehen, die von Geburt an im Überfluss lebten. Diese wiederum werden mit manchen Vorstellungen der Aufbaugeneration Schwierigkeiten haben.

Die folgende Übersicht skizziert grob die unterschiedlichen Erfahrungshorizonte heute lebender Generationen in Europa. Die Grundlage für diese Darstellung bilden Hunderte Gespräche in Coachings und Beratungsprozessen in Unternehmen sowie Erfahrungen an Universitäten und in Schulen, die über viele Jahre geführt wurden und Menschen aller Altersgruppen und Hierarchieebenen umfassten.

Das Ergebnis versteht sich nicht als scharf umgrenzte Definition, sondern vielmehr als das Bild von „sozialen Generationen", wie sie der Soziologe Karl Mannheim vorgeschlagen hatte (Mannheim 1928). Er verstand unter „sozialen Generationen" keine homogenen Gruppen desselben Alters, sondern vielmehr Menschen, die in einer Periode markanter Umstände aufgewachsen sind. Menschen also, die in durchaus unterschiedlicher Weise von einem bestimmten „Zeitgeist" erfasst wurden.

Die Kriegs- und Aufbaugeneration

Diese Generation erlebte den Zweiten Weltkrieg und die unmittelbare Zeit danach. Der Verlust von Angehörigen und Freunden prägte die meisten von ihnen. Der Krieg war bis in die späten 1950er-Jahre präsent. In den Städten sah man noch vielfach Einschusslöcher in den Häusern und es gab Barackensiedlungen auf der grünen Wiese.

Die Folgen des Krieges waren Alltag. Sätze wie „So war das halt damals", „Das haben doch alle erlebt" oder „Andere hatten es viel schlechter als wir" charakterisieren die entstehende Aufbruchsstimmung, aber auch die Verdrängung der Vergangenheit. Unvergesslich bleibt der Bericht der damals jungen Schauspielerin Ursula Herking in ihrer Autobiografie. Sie wurde von drei Soldaten hinter einem Holzstoß vergewaltigt und erzählte davon, als wäre das völlig normal gewesen (Herking 1973).

Diese Generation wollte und musste aufbauen. Sie wollte das Schreckliche der Vergangenheit vergessen und nach vorne blicken. Die Traumata, die der Krieg hinterlassen hatte, verdrängte sie. Sie war unfähig zu trauern, wie dies Alexander und Margarete Mitscherlich ausdrückten (Mitscherlich 1997). Sich selbst nicht so wichtig zu nehmen, galt als Tugend. Die Erlebnisse im Krieg und in der unmittelbaren Zeit danach behielt man für sich. Die Kinder wollte man mit den eigenen Ängsten und Traumata nicht belasten.

Wenn überhaupt etwas erzählt wurde, dann in formelhaften Floskeln und stilisierten Einzelelementen. Nur sehr selten konnte diese Generation ihren Kindern zusammenhängende Geschichten erzählen.

Die Verdrängung der Vergangenheit diente vor allem dem Selbstschutz. Denn Traumatisierungen verursachen Flashbacks. In diesen Zuständen tauchen plötzlich starke Ängste wieder auf. Einmal erlebte Ohnmacht kann subjektiv später als Schuld erlebt werden. Die Folge konnten typischerweise unvermittelte Wutausbrüche oder – wenn es in die andere Richtung ging – Depressionen sein. In deutschen Altersheimen, so Katja Thimm, tobt nach wie vor der „Zweite Weltkrieg des Schweigens" (Thimm 2011).

Dieselben Phänomene treten nach allen Kriegen auf. Die psychischen und sozialen Folgen bilden einen kaum beachteten Teil jedes Krieges. Sie wirken Jahrzehnte nach, oft bis in die dritte oder gar vierte Generation.

Im Zentrum der Wahrnehmungswelt jeder Generation, die in einen Krieg geboren ist, steht der Wiederaufbau. Nach jedem Krieg gibt es viel zu tun. Da werden die Ärmel hochgekrempelt und es wird angepackt. Die Vergangenheit will man ruhen lassen. Zähigkeit, Ausdauer und Vorwärtskommen, damit die eigenen Kinder es einmal besser haben, gehören zu den Stärken dieser Generation. Die eigene Verunsicherung aus der Jugendzeit wird oft mit dröhnender Lebenstüchtigkeit überspielt.

„Mich kriegt nichts klein" ist die Botschaft, die man sich selbst und anderen gegenüber aussendet. Schwächen darf es demzufolge auch nicht geben. Sie waren weder Gegenstand von Reflexion noch von Gesprächen. Das verlangte viel Kraft. Die Stärke der Kriegsgeneration liegt in ihrem Willen und in der Kraft, die sie ausstrahlen (Bohde 2014).

Boomende Rebellen

Die Babyboomer erlebten ihre Eltern anders, als diese es sich vorgestellt hatten. 68er-Bewegung und Hippies versuchten den Ballast des Krieges abzuwerfen. Dabei wanderten sie oft ins andere Extrem. Man verweigerte das Streben nach Wohlstand und suchte nach entgegengesetzten Lebensformen.

Die Eltern aus der Kriegsgeneration waren fleißig gewesen und hatten den wirtschaftlichen Aufschwung geschafft. Wirtschaftlich war es immer besser gegangen. Zuerst kam das erste Auto, dann der erste Urlaub in Italien und schließlich wurde der Fernseher farbig. Die stete Aufwärtsentwicklung begründete ihren Glauben daran, dass der Beweis für die richtige Lebensführung im materiellen Wohlstand zu finden sei.

Ihre Kinder wandten sich gegen dieses Gesellschaftsmodell und versuchten, die entstehenden Lücken mit intellektuellen Mitteln zu schließen. Zwar hatten die Eltern gewollt, dass ihre Kinder es besser haben sollten. Doch ihr Schweigen über das eigene Erleben rund um den Krieg schnitt die Boomer von der Antwort auf einige der wichtigsten Fragen ab: Wer bin ich und woher komme ich?

Weder in der Familie noch in der Schule erfuhren die geburtenstarken Jahrgänge von ihren eigenen Wurzeln. So taten sie sich schwer, den eigenen Ort in der Geschichte ihrer Familie oder der Gesellschaft zu finden. Sie erlebten sich als heimatlos und suchten eine neue Emotionalität. Doch was sie fanden, war jene Intellektualität, die nicht selten in geistige Kraftmeierei mündet.

So machten sie sich auf, die Gesellschaft zu verändern. Zuerst, indem sie öffentlich auf der Straße demonstrierten. Dann aber – und mit viel größerer Breitenwirkung – begannen sie auch in der Familie „mehr Demokratie zu wagen", wie Willy Brandt in seiner berühmten Regierungserklärung von 1969 gefordert hatte. Diesen Auftrag verinnerlichten sie. „Demokratie", das hieß für sie, andere politische und soziale Modelle zuzulassen. Ihre Betrachtungen wandten sich der Befreiung des Individuums aus sozialen Zwängen zu und „Selbstverwirklichung" wurde zu einem ihrer zentralen Begriffe.

Die geforderte Toleranz brachten sie ihrer mit diesen Ansichten vollkommen überforderten Elterngeneration nicht entgegen. Wohl aber lebten sie diese gegenüber ihren eigenen Kindern. Diese sollten nicht durch Autorität verbogen werden und sich frei entwickeln können. Das neue Idealbild von Erziehung war antiautoritär.

Der Mix aus Selbstverwirklichung und Umgestaltung der Gesellschaft fokussierte ihre Vorstellung von Verantwortung. Auch ihre Kinder sollten sich verwirklichen, was sich in der Realität oft als Verweigerung von Orientierung darstellte. Sie selbst verwirklichten sich, indem sie im Beruf aufgingen. Das brachte zwar vielfach weiteren Wohlstand, aber ihren Kindern fehlte die Anwesenheit der Eltern. Aus dem Blickwinkel der Sozialgeschichte stellte das einen bedeutenden Wandel dar (Bude 2014).

So kraftvoll sie sich bis heute nach außen geben, so stark verunsichert sind sie vielfach innerlich. In einer Studie der Psychiatrischen Universitätsklinik München wies Michael Ermann nach, dass die Boomer zwar nicht die Traumata, sehr wohl aber die Ängste der Eltern geerbt haben. Sie leiden bis heute, so die Studie, an Verlust- und Mangelbefürchtungen, ohne selbst Krieg und Mangel erfahren zu haben (Ermann 2009).

Lebenslang quälende und unklar gebliebene Symptome, wie etwa diffuse Gefühle der Verlassenheit und des Ausgeschlossen-Seins, führten im zweiten Jahrzehnt nach der Jahrtausendwende zu weiteren Untersuchungen. Als das Schweigen endlich gebrochen war, so berichtet Sabine Bohde, konnten sie feststellen, dass sie mit ihrer emotionalen Not nicht alleine waren (Bohde 2016). Transgenerational übertragene Belastungsstörungen sind seither ein Thema der psychologischen Forschung.

Mit dem Fall der Berliner Mauer im Jahr 1989 schienen sich ihre Hoffnungen zunächst erfüllt zu haben. Der Niedergang des Kommunismus erweckte den Eindruck vom „Ende der Geschichte". Francis Fukuyama vertrat unter diesem Titel vehement die Ansicht, dass Demokratie und freie Marktwirtschaft endgültig den Sieg davongetragen hätten (Fukujama 1992).

Doch die Entwicklung nahm eine ganz andere Richtung. Kapitalzentrierte Ideen fanden keinen nennenswerten Widerstand mehr, Raubtierkapitalismus und Neoliberalismus konnten sich ungebremst entfalten. An die Stelle der Befriedigung von echten Bedürfnissen traten Marketingkonzepte, die in immer schnellerer Abfolge künstliche Bedürfnisse schufen. Nicht nur in der Wirtschaft, auch in der Politik schienen sich Zukunftsvisionen und Strategien zu erübrigen. Kurzfristiger Erfolg schien zu genügen. Die Frage nach dem Wohin wurde nicht gestellt.

Die Boomer erlebten das als Rückschlag und Bedrohung, waren sie doch für Vernunft und Frieden auf die Straße gegangen, viele von ihnen hatten sich als Blumenkinder versucht. Die Verunsicherung wurde so groß, dass eine Haltung der Abwehr an Boden gewann. Nicht wenige derjenigen, die zeit ihres Lebens gegen jede Art von Ausgrenzung gekämpft hatten, gingen nach der Finanzkrise von 2008 paradoxerweise selbst dazu über, nach Zäunen und Mauern zu rufen.

Sogar das bis dahin unwidersprochene Prinzip politischer Solidarität begann zu wackeln. Es erodierte nicht nur innerhalb der EU, wie etwa gegenüber Griechenland. Auch einzelne Regionen und Bundesländer innerhalb von Staatsgrenzen unternahmen Versuche, das Prinzip der Solidarität zu kippen. So beispielsweise die deutschen Bundesländer Bayern und Hessen, die als wirtschaftlich starke Länder zur Zeit der Griechenlandkrise den ernsthaften Versuch unternahmen, sich solidarischer Zahlungen zu entledigen. Mehrfach klagten sie gegen den Länderfinanzausgleich.

Dass spätestens seit dem Eintreffen der Flüchtlingswelle im Jahr 2015 ungeniert mit den niedersten menschlichen Instinkten Politik gemacht wird, ist für die Generation der Boomer kaum zu verstehen. Zumindest für jenen

Teil dieser Generation, der den Glauben an die Möglichkeit konstruktiven Zusammenlebens noch nicht verloren hat.

Was hätten wir anders machen müssen? Warum haben wir das nicht gesehen? Sind wir unser ganzes Leben lang einer Illusion aufgesessen und haben wir unser Leben sinnlos mit Träumen vertan? Mit solchen Fragen schlagen die erlernten Selbstzweifel wieder zu.

So kommt es, dass ein Teil von ihnen in Panik verfällt und Politikern, die sich an der Spaltung der Gesellschaft mästen, ihre Stimme geben, während andere sich im Kokon ihrer eigenen Ratlosigkeit einspinnen. Es ist dieser Rückzug, der die Gefahr birgt, dass die Welt ausgerechnet jenen kampflos überlassen wird, deren Handeln nichts als Zwietracht, Misstrauen und letztlich wieder Zerstörung und tiefes Leid bringen wird.

So wirkt die Geschichte nach. Das alte Selbstvertrauen der Boomer droht zu schwinden. Damit verlieren ihre unzweifelhaften Stärken an Kraft, nämlich der Glaube an die Vernunft und die Fähigkeit, gesellschaftliche Normen rational in Frage zu stellen.

Die allmächtigen Technokraten

Die etwa von Mitte der 1960er- bis in die 1980er-Jahre Geborenen sind die Generation des Pillenknicks. Das ungebremste demografische Wachstum ist vorbei und sie profitieren davon. Die besser Gebildeten unter ihnen arbeiten heute in prestigeträchtigen Jobs. Mittlerweile haben viele von ihnen den Zenit ihrer beruflichen Laufbahn erreicht und leben in einer Familie oder in familienähnlichen Verhältnissen. Ihre Kinder kommen langsam in die Pubertät. Sie kennen aus eigener Anschauung die Schwierigkeiten, die das ständige Hin- und Her-Pendeln der Eltern zwischen Familie und Beruf verursacht.

Materiell waren sie viel besser versorgt als jede Generation vor ihnen. Von klein auf erhielten sie vor allem für intellektuelle Leistungen Bestätigung. Werte wie Gemeinsamkeit wurden hingegen weniger gefördert. So entwickelten sie das Gefühl, ihnen stünden alle Wege offen und sie hätten auch ein Recht auf Anerkennung. Von entscheidender Bedeutung für ihre mentale Entwicklung war der Siegeszug von PC und Internet. Sie wuchsen mit dem Computer auf und beherrschen ihn auch. Informationen sind für sie schnell und leicht zu beschaffen. Darin waren sie schon als Schüler ihren Eltern und ihren Lehrern weit überlegen.

Diese Generation erlebte, dass ihr seitens der Älteren kein Widerstand entgegengesetzt wurde. Die Zauberkraft der elektronischen Datenverarbeitung bewirkte, dass die Älteren, denen die Digitalisierung ein Rätsel blieb, einfach ihren Platz räumten. Vielfach überließen sie den jungen Technokraten ohne Widerstand das Feld. Gestärkt durch diesen scheinbaren Sieg über die Älteren, entwickelten sie Fantasien der Allmacht. Dies dürfte, so der französische Soziologe Albert Ogien, zuerst in der Betriebswirtschaft geschehen sein und verbreitete sich von dort aus in alle Lebensbereiche (Ogien 2013). Die wichtige Reibung zwischen einer Generation, die nach vorne drängt, mit einer anderen, die Bedächtigkeit ins Spiel bringt, fand nicht statt.

Als Jugendliche erlebten sie eine Periode, in der das Genom entziffert, das Datennetz entwickelt und das EDV-gestützte Investmentbanking zügellos wurde. Kontakte, Kompetenzen und Konzepte wurden ihr Spielfeld. Neoliberalismus und Internet stellten für viele einen globalen Abenteuerspielplatz dar, auf dem sie – meist in Form von Start-up-Unternehmen – ihre Produkte anbieten können.

Hingegen gelang es ihnen kaum, ein Gefühl für die Bedeutung von Geschichte, sozialen Zusammenhängen und langsamen, organischen Entwicklungen auszubilden. Denn Bits und Bytes kennen keine Geschichte und Erfolg ist in ihrer Welt nur dann von Belang, wenn er schnell kommt. Sogar ihre Sprechgeschwindigkeit ist höher.

Kritik ist weniger ihre Sache. Sie neigen eher dazu, einen möglichst gewinnversprechenden Weg durch das bestehende System zu suchen, als es verändern zu wollen. Schneller materieller Gewinn punktet. Zu großen Visionen von der Zukunft neigen sie nicht. Das „Nie wieder Krieg" der Generationen zuvor stellt keine Aufgabe für sie dar. Friede ist ihnen zu selbstverständlich, als dass sie sich groß damit beschäftigen würden.

Sie sind hervorragende Taktiker, die bestehende Möglichkeiten sehr gut ausloten können. Wendig und flexibel, können sie sich aktuellen Gegebenheiten oft mit beeindruckender Geschwindigkeit anpassen. Dabei verstehen sie das Leben als eine Art nach oben offenen Optimierungsprozess. Vieles ist für sie virtuell und manchmal scheint es, als wäre in ihnen der Glaube verankert, dass die – vor allem technische – Lösung aktueller Probleme ihre nachhaltigen Ziele von selbst erzeugen würde.

Als Erfolgsgeneration, als die sie sich selbst verstehen, gestehen sie sich keine Fehler zu. Risiken scheuen sie eher. Schnell werden Ideen entwickelt und – wenn sie sich nicht flott am Markt durchsetzen – ebenso schnell wieder fallen gelassen.

Sie halten sich gerne alle Optionen offen. Zu oft haben sie gesehen, wie illoyal sich Unternehmen gegenüber ihren Mitarbeitern verhalten. Daher wechseln sie schnell und ohne Skrupel. Als Politiker leben sie gerne „von" der Politik, aber nicht „für" klare Vorstellungen von Gesellschaft und Zusammenleben, wie ein Bonmot von Max Weber sagt.

Diese Generation schwimmt wie ein Fisch im Wasser des Systems. Dabei ist sie sehr findig und zeigt großes Selbstbewusstsein. Probleme bekommen sie, wenn sie eindeutig Position beziehen müssen. „So kann man zwar den Status quo sichern, aber nicht die Zukunft sichern", schreibt Heinz Bude.

Die Kinder des Glaubensabfalls

Die Millennials, also jene jungen Erwachsenen, die bis etwa zur Wende des Jahrtausends geboren wurden, messen der Frage nach der Relevanz im Leben größte Bedeutung zu. Finden sie keine Antwort, wenden sie sich ab. Sie sind sehr technikaffin, doch Technik ist für sie eher ein Gebrauchsgegenstand als ein Mittel zur Erzeugung eigener Identität.

Gibt sich die Generation davor noch der Illusion hin, mit Informationstechnologie und cleveren Apps jedes Problem lösen zu können, so sind die Millennials die Ersten, die langsam vom Glauben an die wundersame Allmacht der Technik abfallen. Sie verwenden diese zwar, sehen aber auch ihre zerstörerische Kraft. Expertenwissen gegenüber treten sie daher sehr kritisch auf.

Zwar gab es schon immer Menschen, die vor überbordender Technik gewarnt und Zweifel angemeldet haben. Doch mit den Millennials haben wir erstmals eine Generation vor uns, die zu einem großen Teil den blinden Glauben an den Fortschritt verloren hat. Sie vertrauen Experten ebenso wenig wie Institutionen, denn sie suchen Antwort auf die Frage, was im Leben Relevanz hat.

Von ratlosen Eltern und Lehrern haben sie wenig gehört über die Gestaltbarkeit der Welt und in den Medien nur von Katastrophen, Krisen und dem Niedergang des Geltenden erfahren. Sie wollen wissen, wie man in einer solchen Welt Mut fasst, Gemeinschaft lebt, ob Kommunikation nicht vielleicht doch mehr ist als Information, was Verantwortung ist und wofür man sich einsetzen soll. Sie wären gerne begeistert, nur wofür? Sie suchen Vorbilder und Meister, die ihnen zumindest Ansätze von Orientierung vermitteln könnten, nur wo finden sie diese? Nicht zuletzt fragen sie danach, was wesentlich im Leben ist und wie man diesem Sinn verleihen kann. Auf keine dieser Fragen erhalten sie ausreichende und befriedigende Antworten.

Hingegen heißt es von ihnen, sie würden die Erwartungen nicht erfüllen. Sie seien mit viel zu starkem Selbstbewusstsein ausgestattet, aber kaum der Rechtschreibung fähig. Verantwortung würden sie nicht übernehmen. Weicheier wären sie und die Hängematte ihr liebster Aufenthaltsort. Zudem sei ihre Wehleidigkeit, wenn etwas mal nicht gleich gelingt, ihr herausragendes Charaktermerkmal.

Von außen betrachtet, mag ihr Verhalten hin und wieder tatsächlich so erscheinen. Doch all diese Beschreibungen sind Interpretationen Älterer, die weder die Fragen der Jüngeren noch den Ernst zu erkennen vermögen, der hinter solchen Verhaltensphänomenen steckt.

Sie selbst verstehen sich als weltoffen, denn mit dem Smartphone in der Hand geben sie sich leicht der Illusion hin, alles zu wissen. Ihre Aufmerksamkeitsspanne ist allerdings häufig kurz. Sie wollen unabhängig sein und dafür respektiert werden. Das macht ihnen allerdings Schwierigkeiten, weil sie sich nicht an Normen und Autoritäten halten wollen. Ihr Blick richtet sich auf die Zukunft und sie rufen nach Orientierung, haben aber oft Schwierigkeiten, die richtige zu finden.

Viele resignieren, weil sie keine Antwort auf die Frage finden, wofür sie sich überhaupt anstrengen sollen. Andere suchen als Alternative zur Orientierung nach Kontrolle. Diese bieten ihnen Notebook oder Tablet, die nach kontrollierbaren Regeln funktionieren, die sie gut beherrschen. Die Anerkennung, die sie dafür erwarten, erhalten solche Nerds jedoch nur selten, da sie mit der realen Welt oft nur mehr wenig zu tun haben.

Angesichts der Unsicherheit spaltet sich diese Generation auf: Das sind einerseits jene, die mehr oder weniger pragmatisch neue Wege suchen. Dann gibt es solche, die sich mangels besserer Alternativen den Werten ihrer Eltern zuwenden, wie etwa Selbstverwirklichung, Individualisierung und Genuss. Ein vergleichsweise kleinerer Teil zieht sich auf Werte zurück, die eher den Generationen ihrer Großeltern und Urgroßeltern zugeschrieben werden können und schon überwunden geglaubt waren, wie beispielsweise der Ruf nach Law and Order, Pflichterfüllung und Gehorsam.

Diese tastend suchende Generation ist noch jung. Es fehlen Erfahrungen über ihre weitere Entwicklung. Dennoch ist erkennbar, dass der überwiegende Teil mit den Werten der Vergangenheit bricht, und zwar mit erstaunlicher Konsequenz. Sie sind besser gebildet als jede Generation vor ihnen und haben auch erstmals unmittelbare Kenntnis von globalen Problemen. Diese verstärken sie noch in den elektronischen Echokammern der sozialen Medien.

Entgegen der Ansicht vieler Älterer sind jedoch die ökonomischen Rahmenbedingungen für sie viel schlechter geworden. Sie werden niemals den Wohlstand ihrer Eltern und Großeltern erreichen (Chauvel 2016, Nachtwey 2017). In vielen Ländern, wie den USA, gibt es Anzeichen dafür, dass die durchschnittliche Lebenserwartung wieder sinkt.

Auf der Basis der „Luxembourg Income Study" des Cross-National Data Centers in Luxembourg wies eine Analyse des „Guardian" (The Guardian 7. 3. 2016) nach, dass:

- der Einsturz der bisherigen Prosperität die Jungen in allen Ländern voll trifft,
- in den USA und vielen anderen Ländern Rentner heute mehr monatliches Einkommen haben als ihre Enkel,
- in Großbritannien die Renten dreimal so schnell gewachsen sind wie die Einkommen der Jungen,
- die Millennials in den USA, Italien, Frankreich, Spanien, Deutschland und Kanada bereits massive Einkommenskürzungen erleiden; zum ersten Mal, seit Daten erfasst werden, liegt in diesen Ländern das verfügbare Einkommen von Menschen in den Zwanzigern um mehr als zwanzig Prozent unter dem nationalen Durchschnittseinkommen,
- amerikanische Studenten für ihre Bildung auf einem persönlichen Schuldenberg in Höhe von 1,3 Billionen Dollar sitzen.

„Die Situation für junge Leute ist sehr hart", sagt auch José Ángel Gurría, Generalsekretär der OECD.

Diese Jungen begehren kaum auf. Sie nehmen die Gegebenheiten als Realität hin. Sie kämpfen zwar nicht um Rechte, dafür verabschieden sie sich still von den ökonomischen Zielen der Älteren. Das mag der Grund sein, weswegen sie relativ wenig klagen über die Verschwendung von Ressourcen und den Schwund wirtschaftlicher Perspektiven. Sie treten nicht an, um das

„System" zu ändern. Sie klinken sich einfach aus und verlassen das geistige Land, aus dem sie gekommen sind. Dabei sind sie alles andere als faul. Sie arbeiten unablässig, sogar dann, wenn sie arbeitslos sind. Ständig entwickeln sie neue Ideen und probieren sie aus.

Das tun sie in völlig anderer Weise als die Generation in der Lebensmitte. War deren Ziel noch, individuellen Wohlstand durch eigene Kraftanstrengung zu erringen, so kooperieren die Millennials quer über alle Schichten. Sie wollen nicht mehr einsam sein wie ihre Eltern. Sie haben erfahren, dass sich gemeinsam schwierige Situationen leichter ertragen lassen und dass Gemeinsamkeit bessere Ergebnisse produziert. Ihre kooperative Intelligenz ist stärker entwickelt als bei den Älteren.

Sie reduzieren ihre Ansprüche und praktizieren damit bereits die Forderung des Demografen Reiner Klingholz, die dieser in seiner umfassenden Arbeit „Sklaven des Wachstums" gefordert hat. Da Besitz für sie keine wirkliche Option mehr ist, erfüllen sie einfach die in sie gesetzten Erwartungen nicht. Ihre Begründung: Sinnlosigkeit! Stattdessen suchen sie andere Lösungen. Bisher unbekannte Antworten finden sich dabei in Workspaces, Poolsharing und anderen Konzepten.

Die Auswirkungen sind gravierend. So berichtet Perry Wong, Direktor des Milken Institute in Kalifornien, dass in den USA die Immobilien-Hypotheken der unter 34-Jährigen heute nur noch halb so hoch sind wie vor zehn Jahren. „Wir haben es mit einer neuen Realität zu tun", sagt er (Die Zeit 16. 8. 2016).

Das hat große Auswirkungen auf die Industrie, deren Absatzmärkte ins Stottern kommen (The New York Times 22. 3. 2012). Sie fahren mehr mit dem Fahrrad und öffentlichen Verkehrsmitteln. Jeder Versuch, sie in ausreichender Menge zum Kauf von Autos zu bewegen, ist bisher gescheitert. Auch die Zahl der Jugendlichen, die überhaupt noch einen Führerschein machen, fiel zwischen 1998 und 2008 um 28 Prozent.

Die Industrie hat dafür kaum Rezepte, weil sie selbst einer Ideologie folgt, deren lange Zeit gültige Grundlagen sich aufzulösen beginnen. Sie schuf Bedürfnisse, die real gar nicht existieren. Das ging lange gut und der Konsum stieg. Die Jungen erkennen das und geben – ohne großen Protest – als Antwort darauf einfach den Glauben an den Sinn des Konsums auf. Sie lassen sich nicht mehr einreden, dass sie dadurch tiefere Bedürfnisse befriedigen könnten.

Ganz nebenbei und unter dem allgemeinen Klagen über die Jungen nahezu unbemerkt, machen sie der Gesellschaft damit auch ein wesentliches Geschenk, denn mit der Veränderung ihrer Haltung geben sie dem Leben und unserem Menschsein wieder eine Chance.

Und danach?

Zunehmend wird in den Medien auch schon vor den ganz Jungen gewarnt, die noch in der Pubertät sind oder gerade erst in sie eintreten. Tyrannenkinder und Narzissten seien sie. Oft übergewichtig, schon in frühesten Jahren internetsüchtig, würden sie die Grenzen anderer Menschen überhaupt nicht kennen. Würden Probleme auftauchen, wären sie völlig unfähig, damit umzugehen. Alles sei ihnen egal. Die Bereitschaft zu körperlicher Gewalt steige, sogar gelegentliche Prostitution zur Mittelbeschaffung für ihre Einkaufstouren wäre ihnen nicht fremd.

Früher habe eine Schulklasse mit ein oder zwei Verhaltensauffälligen als schwierig gegolten, so berichtet eine Lehrerin. Heute nehmen Depressionen und Psychosen auch unter den Jungen stark zu. Eine verlorene Generation also? Oder nicht vielleicht doch wieder das allgegenwärtige Klagen und Nicht-Verstehen der Anderen?

Jedenfalls sind es wieder Ältere, die so über Heranwachsende schreiben, sich beklagen und vor ihnen warnen. Das gab es schon immer. Das älteste Beispiel für die Klage über die Jungen ist ein in Keilschrift verfasster Text aus Mesopotamien. Auch Sokrates und Augustinus jammerten über den Sittenverfall der Jugend und reagierten mit Unverständnis und Beschuldigungen gegenüber den Jungen. Das Muster ist immer das gleiche: Jüngere werden nicht wie Menschen behandelt, die gerade erste Versuche unternehmen, möglichst verantwortungsvoll auf ihre Lebenssituation zu reagieren .

Die Besonderheit heute ist das Ausklinken der Jungen. Weder rebellieren sie, noch provozieren sie. Vielmehr zeichnet sie Unsicherheit aus, denn es fehlt ihnen die Projektionsfläche. Wäre es da nicht viel besser, wenn die Älteren versuchen würden, die fundamentalen Fragen zu verstehen, die ihnen damit gestellt werden? Junge Erwachsene ebenso wie die heute Jugendlichen sind gerade dabei, die Grundlagen für eine Welt zu schaffen, in der andere Regeln gelten werden als in den vergangenen siebzig Jahren. Sie wenden sich ab von der Auffassung, dass der Wert eines Menschen sich an seinem Vermögen und seiner Karriere erkennen ließe. Sie entdecken bescheidenere Werte, die weniger Wettbewerb und Konkurrenz, dafür mehr Miteinander beinhalten (Fleming 2017).

Damit bieten sie nicht nur sich selbst, sondern uns allen eine Chance. Wäre es da nicht die bessere Idee, sie ernst zu nehmen, die in ihrem Optimismus zu unterstützen und sie klug zu bestärken, als weiter Ausweglosigkeit zu predigen?

Zäune oder Brücken?

Die Lehre aus Samoa verlangt ein harmonisches Zusammenspiel der Generationen. Jedes Lebensalter hat dort eine Aufgabe, denn nur gemeinsam kann die Zukunft positiv gestaltet werden. Die Grundvoraussetzung dafür ist, sich gegenseitig zu achten, einander zuzuhören und die dem eigenen Lebensalter zukommenden Aufgaben zu erfüllen. Der Blick in die ursprünglichen Lebenswelten der heute lebenden Generationen zeigt, dass die Welt der letzten acht Jahrzehnte sehr instabil gewesen ist. Alle Übergänge zwischen den Generationen wurden von Konflikten und Missverständnissen begleitet.

Das Europa des 20. und 21. Jahrhunderts scheint somit nicht vergleichbar mit dem vermeintlich paradiesischen Dahingleiten des Lebens in der Südsee. Unsere Vorstellung von dieser fernen Inselwelt wird vor allem durch romantische Reiseberichte des 19. Jahrhunderts geprägt. Tatsächlich war auch in der Südsee das Leben immer hart. Vielerorts war das Süßwasser rar, Stürme verwüsteten das Festland und das Leben in der Isolation auf kleinen Inseln und Atollen bot keine Abwechslung. Heute verarmt die Bevölkerung, der steigende Wasserspiegel bedroht viele Inseln und soziale Konflikte sind nicht unbekannt.

Gerade wegen der Unsicherheit bekommt das funktionierende Zusammenspiel der Generationen, dort wie auch bei uns, erhöhte Bedeutung, denn es koordiniert die Kräfte und sorgt für Lebenssinn und Orientierung. Eine Frage stellt sich der Gesellschaft heute fast überall: Welche Welt wünschen wir uns für nachkommende Generationen? Soll es eine Welt sein, in der jene Zäune verteidigt werden müssen, die heute in der Landschaft und mehr noch in den Köpfen entstehen? Oder soll diese Welt sich durch die Fähigkeit auszeichnen, Brücken zu bauen und aus den Verschiedenheiten von Ansätzen, Menschen und Kulturen zu lernen und neue, zukunftsweisende Ideen zu entwickeln?

7. Generationen in Flugformation

Der Waldrapp – Meister kollektiver Energieeffizienz

Das Modell des Chief Tuliaupupu aus Samoa geht nicht nur im Innenverhältnis schonend mit den vorhandenen Kräften um. Auch im Außenverhältnis und im Umgang mit der Natur ist es nicht auf Verschleiß von Ressourcen angelegt. Das klappte in der Geschichte der Menschheit meistens, aber nicht immer. So spricht etwa einiges dafür, dass in vielen Teilen der Welt die Megafauna, das heißt vor allem das leicht jagbare Großwild, in dem Moment ausstarb, als der Mensch sich dort ansiedelte.

Dennoch: Mittelfristig siegt letzten Endes immer das sich selbst regulierende Gleichgewicht von Kräften auf möglichst niedrigem Niveau des Verschleißes. Chief Tuliaupupu stellt sich Generationen nicht als statische Einheiten vor. Er weiß, dass sich jede Generation allmählich durch alle Lebensalter bewegt. Eines folgt dem anderen in zeitlosem Rhythmus. In seinem Denkmodell sind die einzelnen Lebensalter deshalb immer aufeinander bezogen. Sie fliegen sozusagen in geordneter Formation und schaffen miteinander ihre Zukunft.

Das entspricht dem Idealbild des modernen Begriffs „Team". Auch ein funktionierendes Team bündelt die vorhandenen Stärken, verteilt Aufgaben entlang vorhandener Stärken und Talente, gleicht selbst organisiert mögliche Unzulänglichkeiten aus, schont dabei Kräfte und erreicht dennoch ein Maximum an positiver Wirkung.

Auch ein Team fliegt in Formation entlang der Zeitachse durch seine Aufgaben. Wie ein solcher Formationsflug funktioniert und welche Vorteile er genau bietet, weiß man erst seit Kurzem.

Der Waldrapp, ein Ibisvogel, war früher wegen seines wohlschmeckenden Fleisches intensiv bejagt worden. Fast wäre er schon vor 350 Jahren ausgestorben. Allerdings bewahrte diesen großen Zugvogel sein skurriles Aussehen vor dem Verschwinden und der „Punk-Vogel" überlebte in Zoos. Über dreieinhalb Jahrhunderte war keine einzige Generation mehr frei geflogen. Man ging davon aus, dass die heutige Generation ihre Kompetenz als Zugvögel nach so vielen Generationen vergessen hätte.

Trotzdem versuchte man, den wertvollen Vogel der Natur zurückzugeben und ihm das Zugvogel-Dasein wieder beizubringen. Um das zu ermöglichen, wurde sein Verhalten genauestens beobachtet.

Ein Projekt der EU, das gemeinsam mit Österreich, Deutschland und Italien durchgeführt wurde, machte ab 2013 das Wiederauswilderungsprojekt möglich. Die Vögel wurden von frühester Jugend nicht nur an den Menschen gewöhnt, sondern auch an Ultraleichtflugzeuge. Mit deren Begleitung gelang 2014 die erste vorsichtige Überquerung der Alpen. Dieser erfolgreiche Flug gab der Wissenschaft zum ersten Mal Gelegenheit, das Verhalten von Zugvögeln in geschlossener Flugformation genau zu studieren.

Es zeigte sich, dass der Waldrapp, ähnlich wie Wildgänse und andere große Zugvögel, den Flug in der V-Formation bevorzugt. Diese ist ein typisches Verhaltensmerkmal. Bis zur Waldrapp-Studie gab es mehrere Theorien darüber, warum all diese Vögel in dieser Formation fliegen. Manche Ornithologen gingen davon aus, dass der Grund dafür im Schwarmverhalten zu finden sei, weil die Masse mehr Schutz bieten würde. Andere wiederum vermuteten, dass der beste Navigator oder der kräftigste Vogel vorne fliegen würde. Eine weitere Theorie meinte, dass die Formation den geringsten Energieverbrauch für die Vögel bedeuten würde.

Um das endlich zu klären, bekam jeder Vogel von den Forschern ein kleines Gerät umgehängt. Dieses meldete kontinuierlich Position, Herzfrequenz und einige weitere Daten. Es stellte sich heraus, dass sich ihre Herzfrequenz, im Vergleich zur Futtersuche auf dem Boden, nach dem Start um das Zwölffache erhöht.

Danach brauchen sie einige Zeit, bis sie sich in eine Formation ordnen. Nach etwa einer Dreiviertelstunde sinkt ihre Herzfrequenz wieder auf die Hälfte ab. Sie surfen dann sozusagen auf dem aufwärtsgerichteten Teil des spiralförmigen Luftwirbels, den der vorausfliegende Vogel beim Flügelschlag erzeugt. Dessen Flügel drückt die Luft nach unten. Schräg hinter ihm strömt die nach unten gedrückte Luft wieder nach oben. Auf diese Welle setzt sich der nachfolgende Kollege.

Die zweite Entdeckung war, dass sich die Vögel an der Spitze ständig und sehr häufig abwechseln. Nach jeweils etwa 200 geflogenen Metern findet immer ein Wechsel in der Führung statt. Dabei achten sie penibel darauf, dass alle regelmäßig in der Führungsposition fliegen. Der erste Vogel hat den höchsten Energieverbrauch, allerdings nur für einige Flügelschläge. Dann rückt der nächste Vogel nach.

Damit nicht genug. Die Vögel verständigen sich auch unablässig. Das ist nötig, denn durch die V-Formation sehen sie sich gegenseitig, mit Ausnahme der ersten Position. Der Vorausfliegende kann seine „Mitreisenden" nicht sehen. Die Kom-

munikation hat den Zweck, ihm zu versichern, dass alle anderen noch da sind und er nicht allein ist. Ihm wird sozusagen Mut zugesprochen.

Insgesamt ist der Formationsflug ein hochintelligentes und energiesparendes System, das auf einer Vielzahl von Interaktionen beruht. Ohne dieses Zusammenspiel und diese arbeitsteilige Kooperation wären Langstreckenflüge unmöglich.

„Der Flug in V-Formation ist nicht nur ein überzeugendes Beispiel für wechselseitigen Altruismus bei Tieren, sondern liefert auch Hinweise auf die Umstände, unter denen sich Altruismus evolutionär durchgesetzt haben könnte“, schreiben die Forscher (Voelkl 2015).

Koordiniertes Teamverhalten, um Energie zu sparen und die gemeinsame Effizienz zu erhöhen, kennen wir aus vielen Bereichen des Lebens. Denken wir nur an das Windschattenfahren im Radrennen. Insbesondere der sogenannte „Belgische Kreisel“ gleicht dem Formationsflug der Vögel. In dieser speziellen Windschattenformation wechseln sich die Fahrer unablässig an der Spitze ab. Wenn jeder für kurze Zeit sein Bestes gibt, dann ist der Nutzen für das Team am größten.

Aber auch Pflanzen arbeiten im Team, wenn sie sich zum Beispiel über Duftstoffe gegenseitig vor Fressfeinden warnen, wie die afrikanischen Schirmakazien. Von Insekten, wie den Bienen, ist koordiniertes Gemeinschaftsverhalten seit Langem bekannt. Sogar unser eigener Körper ist nach dem Prinzip koordinierter Kooperation aufgebaut. Erst durch abgestimmte Koordination von Zellen und Organen wird ein Organismus daraus, der als Ganzes lebensfähig ist.

Nichts anderes ist die Formation der Lebensalter, die Chief Tuliaupupu Fata Lupematasila Pala Limā geschildert hat. Auch sie folgt dem Prinzip des Lebens von Kooperation, Koordination und Energieeffizienz.

Jedes Lebensalter ist gleich wichtig

Der Blick auf den Formationsflug konzentriert sich auf die Gruppe. Es geht dabei darum, wie die Einzelnen ihre jeweiligen Stärken zum Nutzen der Allgemeinheit einsetzen. Wie aber sieht das mit dem Individuum aus? Könnte das nicht heißen, dass der Einzelne sich der Gemeinschaft unterzuordnen habe? Würden wir dabei nicht alle Freiheit verlieren, auf die wir so stolz sind?

Doch der Verlust an Freiheit ist gering und wird mit der Achtung der anderen aufgewogen. Betrachtet man den Formationsflug des Waldrapps (oder auch der Gänse), dann zeigt sich schnell, dass jeder Einzelne für sich selbst größten Nutzen aus der koordinierten Kooperation zieht. Alleine könnte ein einzelner Vogel niemals so lange und so weit fliegen.

Daraus folgt eine Regel, die im Lichte der Mentalität des Ego-Shooters paradox wirkt: Man nützt sich selbst am meisten, wenn man auf andere achtet und mit ihnen kooperiert. Der wahre Egoist kooperiert, weil er diesen Zusammenhang versteht, während der Egomane nichts weiter ist als ein ichbezogener Dummkopf (Vogler 1993).

Die Natur folgt in der Regel sehr einfachen Maximen. Eine davon ist die Tendenz zum ökonomischen Umgang mit Kräften, was uns zur Struktur der Formation geführt hat. Eine andere Regel ist, dass Lebewesen sich als Individuen dann am wohlsten fühlen, wenn sie die Regeln in ihrer artspezifischen Weise erfüllen. Das gilt für den Waldrapp und den Elefanten ebenso wie für den Menschen.

Um herauszufinden, was Menschen wirklich brauchen und wann sie sich am wohlsten fühlen, muss man sie nur fragen. Dann hört man, unabhängig von Alter, Geschlecht und kultureller Zugehörigkeit, stets dieselben Wünsche: ein gutes Miteinander, Vertrauen, Zufriedenheit, Freude und Sinn. Alle diese Dinge sind nur gemeinsam zu erreichen und in gegenseitiger Abhängigkeit. Als Menschen brauchen wir ein aufgabenteiliges Umfeld, in dem man nicht alles selbst können muss. In dem man darauf vertrauen kann, dass andere das abdecken, was man selbst nicht weiß oder kann.

Erst diese gegenseitige Abhängigkeit, gepaart mit wechselseitigem Vertrauen, ermöglicht ein zufriedenes und sinnerfülltes Leben. Wir erfahren Sinn, indem wir etwas für andere tun, und Glück, wenn sich andere im Wechselspiel wiederum um uns kümmern. So entsteht Resonanz und diese besondere Kraft, die gute Teams auszeichnet.

Mittelalterliche Buchmalereien stellen die Lebensalter gerne als Rad dar. Diese Form der Darstellung wurde gewählt, um jeder Phase des Lebens zwischen Geburt und Tod die gleiche Bedeutung zuzuordnen. Denn mit jedem Lebensalter sind bestimmte Aufgaben für die Gemeinschaft verbunden und jedes hat spezifische Möglichkeiten zur Sinnerfüllung.

Das heraufdämmernde bürgerliche Zeitalter bevorzugte in der Darstellung die Form einer Treppe. Auf den Stufen geht es anfangs immer weiter aufwärts, bis man in der Mitte des Lebens seinen Zenit erreicht. Dann geht es auf der anderen Seite wieder hinunter. Der Kerngedanke ist nun ein vollkommen anderer. Auf dieser Treppe geht es um wirtschaftliche Produktivität. Obwohl diese im Zentrum des Gedankens steht, ist ihr nur ein kleiner Teil des gesamten Bildes gewidmet, nämlich der mittlere Bereich um den Höhepunkt des Lebens. Der viel größere, offenbar unproduktive Teil teilt sich in Kindheit und Jugend, wo man lernen muss, später produktiv zu sein. Und nach dem Höhepunkt folgt nur noch der Niedergang.

Das verschiebt die Bedeutung der Lebensalter beträchtlich. Die Botschaft ist, dass man zunächst die Pflicht zu Lernen, Aufbau und Wachstum habe. Warum und wozu wird nicht beantwortet. Nach der Klimax, in der Phase des Niedergangs, wartet das Ende. Das beraubt große Teile des Lebens ihres Sinnes und degradiert Menschen vor und nach dem Höhepunkt zum nutzlosen Esser. Kaum ist der Höhepunkt überschritten, legt einem der Tod auch schon die Hand auf die Schulter. Am Schluss ist die Stiege einfach zu Ende.

Diese Darstellung entwertet aber auch die jungen Lebensabschnitte, denn sie bestehen ausschließlich aus Pflichten. Warum aber sollte man sich vorher anstrengen, wenn am Ende ohnehin nur Niedergang zu erwarten ist? Diese wichtige Frage bleibt unbeantwortet. Wofür man sich im Leben einsetzen könnte, wie man eine Spur hinterlässt, die das eigene Leben um Sinn bereichern würde, wird einfach ausgespart.

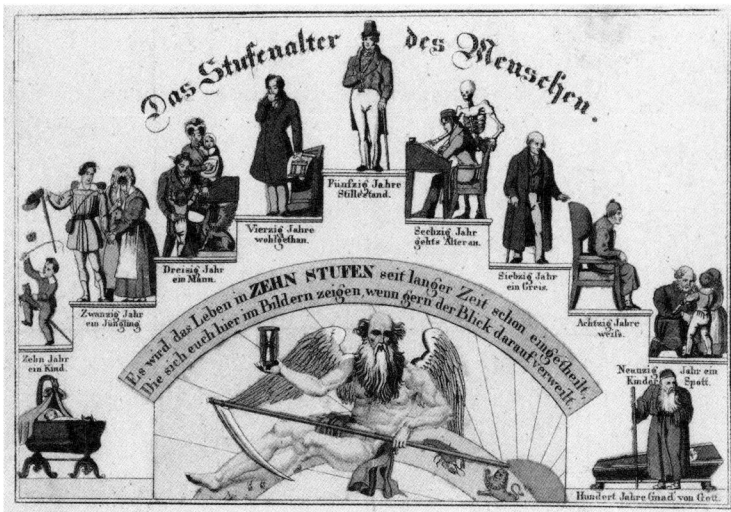

Diese Darstellung der Stiege beschreibt ab dem 16. Jahrhundert die Werte der sich ankündigenden bürgerlichen Gedankenwelt. In ihr geht es um Pflichterfüllung und materiellen Wohlstand. Perspektiven, die aus diesem Blickwinkel diffus erscheinen, wie etwa der Sinn des Lebens, interessierten nicht und bleiben ausgespart. Erst Sigmund Freud beschrieb die Folgen, welche die systematische Vernachlässigung innerer Bedürfnisse mit sich brachte und nannte sie „Hysterie".

Die Verkürzung des Lebenssinns auf numerisch erfassbares Wachstum ist bis heute wirksam. „Hysterisch" ist vermutlich der beste Begriff, mit dem man den aktuellen Zustand in Politik und Wirtschaft beschreiben kann. Sie konfrontiert uns mit den Folgen einer geistigen Monokultur, in der Zählbares das Wesen des Lebens verdrängt hat.

Dem Denken des Mittelalters wäre eine Darstellung der Lebensalter in Form einer Treppe nicht in den Sinn gekommen. Die Buchmaler jener Zeit dachten anders. Sie wollten die Kreisförmigkeit des Lebens darstellen. Der Kreis hat keine Spitzen und keinen Höhepunkt. Weil er rund ist, kommt jedem Punkt der gleiche Wert zu. Aus einer Drehung des Rades folgt die nächste und es braucht jedes seiner Elemente, damit es sich weiterdrehen kann.

Zur Gänze verschwunden ist dieses Denken noch nicht. So beschäftigte sich der Religionsphilosoph Romano Guardini in der Mitte des 20. Jahrhunderts intensiv mit den Phasen des Lebens. Besonders wichtig war ihm dabei die Orientierung an Handlungsmöglichkeiten und Handlungsfähigkeit jedes Lebensalters. Interessant ist sein Hinweis, dass man in jeder Zwischenphase die Fähigkeit verliert, in der Weise der vorangegangenen Phase zu denken und zu handeln. Folglich leidet bei jedem Übergang die Orientierung. Erst nach Überschreiten der Schwelle kann sich die Seele wieder beruhigen.

Für jedes Individuum sei dies, so Guardini, eine schwierige Belastungszeit. Es sei nötig, sich diesen Krisen zu stellen. Denn der verlockende Versuch, ihnen auszuweichen, führe unweigerlich in die Unentschlossenheit und Orientierungslosigkeit (Guardini 1986).

Gerade der Gedanke, dass Übergangsphasen zum Leben gehören und angenommen werden müssen, hat eine besondere Bedeutung in Zeiten, in denen Anti-Aging, Botox und andere Formen der Flucht vor dem Alter vielfach zu Qualitäten, wenn nicht gar zu Tugenden überhöht werden. Wer sich den Übergängen entzieht, bleibt stecken und kommt nicht weiter.

Die Stärken der Lebensalter im Formationsflug der Generationen

Jede der Phasen, die ein Individuum in seinem Leben durchschreitet, hat ihre eigenen Stärken. Dies gilt analog auch für die ganze Generation, da jede Generation gemeinsam älter wird. Zwar gibt es dabei Unschärfen, denn Lebensalter ist nicht unbedingt identisch mit der Entwicklungsphase und nicht jeder Mensch entwickelt sich in gleicher Weise. Dennoch ist eine gewisse gemeinsame Ordnung erkennbar.

Wie Romano Guardini spricht auch der amerikanische Psychologe Robert Kegan von Lebensphasen. Kegan beschreibt drei Plateaus, die Erwachsene in ihrem Leben erreichen können. Jedes dieser Plateaus hat seine Bedeutung im Zusammenleben und seine besonderen Stärken (Kegan, Laskow Lahey 2009).

Das wilde Plateau der Sozialisierung

Für einen jungen Erwachsenen sind Vitalität und Ungeduld unabdingbar. Es ist sogar seine wichtigste Aufgabe, sich weiterzuentwickeln, sich auszuprobieren und Mut zu sich selbst zu fassen. Deshalb empfindet er oder sie die Welt als offen und ist nicht selten der Meinung, alles erreichen zu können. Das eigene Leben zu koordinieren, bereitet jedoch mitunter Schwierigkeiten.

Diese Phase korreliert mit dem Stadium der „jungen Krieger" bei den Samoanern. Der Fokus liegt auf der Einfügung in die Gesellschaft und der

Zugehörigkeit zu einer Gruppe. Ältere werden zur Bestätigung des eingeschlagenen Weges und als Reibebäume gebraucht.

Das Vorbild Älterer hilft, unvermeidliche Unsicherheiten zu überbrücken. Darin ähnelt dieses Plateau jenem der erwähnten jungen Elefanten. Auf diesem Plateau geht es vor allem darum, sich in das Gefüge der Gesellschaft hineinzufinden. Deshalb ist die Meinung der Bezugsgruppe oder der Peergroup ein wichtiger Haltepunkt. Weil man dazugehören will, werden Meinungen anderer leicht angenommen und es besteht die Neigung, das zu übernehmen, was andere glauben.

Die Stärke dieses Plateaus liegt in der Regsamkeit und im Betätigungsdrang. Auch im in dieser Phase besonders ausgeprägten Schielen nach Anerkennung ist eine Stärke zu sehen. Bedeutet das doch die Suche nach Orientierungspunkten für die eigene Tatkraft.

Menschen auf dieser Ebene des Lebens werden oft als lästig empfunden. Sie zweifeln alles an, glauben, vieles besser zu können, und sind häufig widerspenstig. Aber ihre übersprudelnde Kreativität ist lebensnotwendig für alle. Sie ist der Treibstoff für soziale Entwicklung. Dieses Wilde, Ungestüme ist von höchster gesellschaftlicher Relevanz, denn jede Gesellschaft, der das Rebellische der Jugend fehlt, ist von Stagnation bedroht.

Das routinierte Plateau der Selbstautorisierung

Sind die eigenen Familienbeziehungen geklärt und zeichnet sich langsam auch beruflich ein klarer Weg ab, so ist das zweite Plateau erreicht. Fast unbemerkt hat man immer mehr Verantwortung übernommen. Der Blick hat sich geweitet. Das Bedürfnis, sich einer Gruppenmeinung anzuschließen, ist viel geringer geworden. Dafür ist die Fähigkeit gewachsen, Verantwortung für andere zu übernehmen.

Der Geist autorisiert sich nun selbst. Er löst sich vom Gruppenzwang. Die gestiegene Lebenserfahrung ermöglicht, eigene Ansichten und persönliche Werte nicht nur zu entwickeln, sondern auch zu begründen. Gleichzeitig wird die Zeit zu einem einkalkulierten Faktor. Man weiß, dass Dinge ihre Zeit brauchen. Die Kunst des Möglichen entwickelt sich und eigene Wünsche werden dem Möglichen angepasst.

Das Leben bekommt Struktur. Man weiß nun, wie das Leben im Großen und Ganzen funktioniert. Die Bedeutung der Dinge ist bekannt und man kann unmittelbare Folgen von Handlungen und Entscheidungen abschätzen. Man hat eigene Ansichten und verteidigt seine Position, wenn es sein muss, auch gegen die Gruppenmeinung.

Durch diese wachsende Abgeklärtheit wird es möglich, Jüngeren jenen Halt zu bieten, den diese in der Phase der Sozialisierung unbedingt brauchen. Damit ist das Plateau des routinierten und kenntnisreichen Erwachsenen erreicht. Die Stärke dieser Phase liegt vor allem in der Fähigkeit, Zusammenhänge zu erkennen, unmittelbare Wirkungen abzuschätzen und Jüngere anzuleiten.

Das befreite Plateau der Transformation

Der Übergang zum dritten Plateau kündigt sich an, wenn die wesentlichen Dinge des Lebens geschafft sind. Die Kinder sind groß, vielleicht schon aus dem Haus. Beruflich hat man erreicht, was man wollte, oder man hat sich zumindest mit dem abgefunden, was man erreicht hat. Materiell ist man halbwegs abgesichert. Es kehrt Ruhe ein.

Dieser Übergang ist häufig von großen inneren Kämpfen begleitet. Sehr leicht kann sich ein Eindruck von Sinnlosigkeit einschleichen. Fluchttendenzen in die scheinbar verlorene Jugend sind deshalb ausgesprochen häufig. Mindestens ebenso häufig ist der Rückzug in sich selbst. Kommt es zu solcher Abwendung, wird die Kommunikation mit anderen, insbesondere Jüngeren, eingeschränkt.

Im Übergang ist die Versuchung groß, sich in Richtung Schneckenhaus zurückzuziehen. Der Preis für die Abkehr von der sozialen Verantwortung ist allerdings hoch. Denn das Gefühl der Sinnlosigkeit führt direkt in die Ohnmacht der Opferhaltung. Wählt man diesen Weg, wird der persönliche Aktionsradius immer weiter eingeschränkt. Schließlich versinkt man in jener Bedeutungslosigkeit, vor der man sich im Übergang am meisten gefürchtet hat.

Dieser Weg ist nicht nur wegen der psychologischen Folgen problematisch. Wer sich auf diese Weise treiben lässt, der nimmt sich selbst aus dem sozialen Zusammenhang und öffnet der Altersdepression die Tür.

Erinnern wir uns daran, wie der Älteste der Zulus die Aufgabe des Alters erklärte: Zu altern bedeutet, besonnen und klug zu handeln, zu wissen, wie man Gefahren vermeidet, und sein Wissen in den Dienst der Gemeinschaft zu stellen.

Robert Kegan beschreibt diesen Zusammenhang so: Ein gut entwickelter Älterer ist sich bewusst, dass er in der Zeit lebt, dass die Welt in Bewegung ist und dass, was heute Sinn macht, morgen nicht unbedingt gelten muss. Er ist nicht mehr Sklave vorgegebener Denkfilter und geistiger Moden. Zwar hat auch er seine eigenen Denkfilter und nutzt sie, um die Spreu vom Weizen zu trennen. Doch er weiß auch, dass sich in dem, was er selbst gerade aussortiert hat, Lösungen verbergen können. Seine Stärke liegt somit darin, dass er sich sowohl von allgemeinen Denkmoden als auch von seinen persönlichen Meinungen distanzieren kann.

Die Fähigkeit, von sich selbst Abstand zu nehmen, versetzt ihn in die Lage, nach Lösungen zu suchen, die der ganzen Gemeinschaft Nutzen bringen. Das ist ihm möglich, weil im Kern seiner Aufmerksamkeit nicht mehr die Bestätigung durch andere steht. Widerspruch bedeutet für ihn nicht mehr automatisch einen Angriff auf sein Selbstwertgefühl. Er muss ihn nicht mehr persönlich nehmen. Dafür entwickelt er eine andere und für den sozialen Verband ungeheure Stärke, denn sein Blick wendet sich der weiteren positiven Entwicklung der Gemeinschaft zu.

Mit dem Erreichen des nächsthöheren Plateaus, so Kegan, steigt die Fähigkeit, Komplexität zu erkennen, zu verarbeiten und förderliche Wege zu finden. Jedoch geschieht dies nicht automatisch. Alter ist nicht unbedingt gleichbedeutend mit Weisheit. Erinnern wir uns daran, dass es die Älteren waren, die in England für den Brexit gestimmt haben. Dieses Verhalten wird nur durch die unter heute lebenden Älteren verbreitete Opferhaltung verständlich. Diesen Befürwortern des Austritts kam in ihrer großen Mehrheit ihre Verantwortung für kommende Generationen gar nicht in den Sinn. Es war ihnen nicht klar, dass und in welcher Weise sie damit die Welt ihrer Kinder bestimmen. Sie sahen sich als Opfer der Welt von heute und rächten sich dafür.

Erklärbar wird dieses Phänomen durch eine Beobachtung, die Robert Kegan bei seinen Untersuchungen machte. Er fand heraus, dass sich die Menschen quer über alle Altersstufen überwiegend auf den ersten beiden Plateaus bewegen, während weniger als ein Prozent das dritte Niveau erreicht (Kegan 1995).

Ein älteres Wort für den „transformierenden Geist" Kegans ist der Begriff „Weisheit". Sie blickt immer in die Zukunft, beachtet Folgen und hat Nebenwirkungen im Auge. Ihre Aufgabe besteht darin, Denken und Handeln auf positive Wirkungen für die Gemeinschaft weit in die Zukunft hinein auszurichten. Unser inzwischen sehr abgenutzter Begriff „Nachhaltigkeit" beinhaltete anfangs eine ähnliche Grundidee.

Um diese Qualität erlangen zu können, bedarf es der Lebenserfahrung, der Gelassenheit und der inneren Ruhe. Typischen Qualitäten also, die erst mit einem gewissen Alter zum Vorschein kommen. Wissen allein genügt dafür nicht. Erst diese Qualitäten befähigen dazu, positiv gestaltend in die Zeitläufte einzugreifen und ihnen eine positive Richtung zu geben.

Menschen, die sich dieser Aufgabe stellen, nennt das Alte Testament „Propheten". Allerdings muss man wissen, was dieser Ausdruck bedeutet. Der amerikanische Franziskaner Richard Rohr drückt es so aus: „Ein Prophet ist nicht jemand, der die Zukunft vorher-sagt. Er ist einer, der die Zukunft hervor-sagt." Propheten sind wie der alte Elefant zu Beginn dieses Buches. Sie geben Orientierung und klären Wege, so wie Willi, der Tischler.

Wo allerdings solche Propheten fehlen und es daher an der Vision einer guten Zukunft mangelt, „wird das Volk wild und wüst" (Altes Testament, Die Bücher der Lehrweisheit und die Psalmen, Sprüche Salomos 29,18). Noch vor wenigen Jahren hätte man diesen Spruch als ein Stück gelungener Literatur abgetan. Seine praktische Gültigkeit beweist heute allein schon der Niedergang der Menschenrechte. Propheten im Sinne von Richard Rohr sind heute viel zu selten.

Eine gute Welt hervor-zusagen, wäre die eigentliche Aufgabe der älteren Generationen. Weisheit ist eine Aufgabe, die immer wieder neu angegangen werden muss. Ihr Feld ist das gedeihliche Miteinander. Weise kann deshalb nur der sein, der nicht sich selbst und seine eigenen Kräfte ins Zentrum stellt.

Die Stärke dieses Plateaus besteht außerdem in der Fähigkeit, den Überblick zu bewahren. Die Weisen sind die Hüter von Miteinander und wechselseitigem Vertrauen. Ihnen fällt die Aufgabe zu, darauf zu achten, dass der Einsatz kollektiver Energie niedrig bleibt und nicht in Misstrauen und Spaltung verpufft. Sie sind dazu in der Lage, weil sie im Verlauf ihres Lebens erfahren haben, dass für das Gedeihen einer Gesellschaft alle gleich wichtig sind.

Wenn die jüngeren Generationen heute zunehmend nach Orientierung und nach Relevanz rufen, dann wollen sie nicht Wissen abfragen. Sie wollen sich vielmehr klar werden über Fragen, die ihr Leben und ihre Zukunft betreffen. Sie wollen lernen, wie sie sich trotz der sozialen, politischen und wirtschaftlichen Umstände wohlfühlen und zufrieden sein können, wie sie am besten mit ihren Emotionen umgehen und Selbstsicherheit entwickeln können, wie man andere versteht und mit ihnen in Würde kommunizieren kann, wie man besser zuhört und mehr erfährt, auf gute Art Respekt erringt, Beziehungen vertrauensvoll gestaltet und Konflikte konstruktiv löst. Vor allem aber wollen sie erfahren, wie sie mit ihren eigenen Ängsten und Aggressionen umgehen und dennoch gelassen bleiben können. Kurz, sie suchen die Erfahrung, wie man persönlich wachsen kann und das Leben zum Blühen bringt. Das ist es, was mit Relevanz gemeint ist.

All diese Fragen sind vor allem mit Vorbild zu beantworten. Argumente sind weniger wichtig. Was die Jüngeren suchen, sind menschliche alte Elefanten. In diese Funktion hineinzuwachsen, wäre die Aufgabe der Älteren.

8. Vorbilder

Zukunft ist ein Teamsport

Die Welt ist derzeit unsicher, weil wir uns in der heißen Phase einer Veränderung befinden, wie Claude Lévi-Strauss solche Phasen nannte, in denen sich bislang stabile Überzeugungen und Werthaltungen aufzulösen beginnen (Lévi-Strauss 1973). Während solcher Perioden geht notwendigerweise die Orientierung verloren. Man weiß nicht mehr, woran man sich halten soll. Das erzeugt Unsicherheit und Ängste.

In solchen Perioden wäre es unerlässlich, sich aufeinander verlassen zu können. Für das Verhalten in der Gemeinschaft bedeutet das, dass die gemeinsam erzielte Leistung im Vordergrund stehen sollte, nicht Sieg oder Überlegenheit eines Individuums oder einer einzigen Gruppe über alle anderen.

Bedauerlicherweise wird durch Unsicherheit jedoch ein ganz anderer Reflex ausgelöst. Sie löst schnell das Gefühl aus, ein ohnmächtiges Opfer irgendwelcher Mächte zu sein. Dies führt zu Abgrenzung, Verteidigungsbereitschaft und Konkurrenz. Diese Reflexe weisen eine hohe soziale Toxizität auf. Das Schielen nach Schuldigen und Feinden behindert das Auffinden von konstruktiven Wegen und Positionskämpfe spalten die Gesellschaft. In einer solchen Phase scheinen wir uns gerade zu befinden.

Wenn bisher funktionierende Zugänge ihre Kraft verlieren und andere gebraucht werden, dann ist der Mut gefragt, aus alten Konventionen auszubrechen und sich auf Neues einzulassen. Das gelingt am besten in Kooperation, wenn alle ihre Kräfte koordinieren, sich gegenseitig Halt bieten und gemeinsam nach konstruktiven Wegen suchen.

Dafür sind alle Fähigkeiten notwendig. Sowohl die rebellische Wildheit der Jungen als auch die Koordinationsfähigkeit der mittleren Generation und die aus Erfahrung gewachsene Gelassenheit von Älteren. Am besten wäre es, wenn das Verhältnis der Generationen zueinander von einem die Lebensalter übergreifenden Teamverständnis getragen würde. Denn ein Team nutzt die Fähigkeiten jedes Einzelnen, um zu einem gemeinsamen

Ergebnis zu kommen. Es entwickelt seine Kraft aus gegenseitiger Achtung, Unterstützung und Bestätigung. Auf dieser Grundlage wachsen der notwendige Mut und die Zuversicht, neue, unkonventionelle Wege zu beschreiten.

Kurz gesagt, die Haltung der Generationen zueinander sollte von einem Verständnis für Gemeinsamkeit getragen sein, wie es der Formationsflug des Waldrapps zeigt. Unabhängig von Alter, Geschlecht, persönlicher Kraft und speziellen individuellen Fähigkeiten fliegen diese Ibisse gemeinsam, unterstützen einander, machen sich gegenseitig Mut und sparen Energie, indem sie sich abwechseln. Nur weil sie ihre Kräfte zusammenlegen, können sie so weit fliegen.

Beim „Formationsflug der Generationen" geht es um eine ähnliche Ausdauerleistung – zur Entwicklung einer enkeltauglichen Gesellschaft. Damit es zu diesem Zusammenspiel kommen kann, muss sich jede Generation ihrer Fähigkeiten und Kräfte bewusst sein und diese entwickeln. Außerdem müssen alle die Fähigkeiten der anderen Lebensalter nicht nur respektieren, sondern auch nutzen.

Das Aufgabenfeld der jungen Erwachsenen

Sie sind bereits unterwegs. Im Bewusstsein, keine andere Wahl zu haben, als ihre Zukunft irgendwie anders zu gestalten, versuchen sie, neue Wege zu gehen. Sie schränken ihre Ansprüche ein. Wichtig ist ihnen ein gutes Miteinander, sowohl im Privatleben wie auch im Beruf. Damit verlegen sie bereits jetzt die Leitplanken für die Gesellschaft der Zukunft.

Der Weg dorthin verlangt Mut, denn es mangelt an ausreichenden Vorbildern und an Bestätigung. Ihre Aufgabe besteht darin, diesen Aufbruch zu wagen und stolz darauf zu sein. Beim Entwickeln neuer und bisher unbekannter Wege werden ihnen Fehler unterlaufen. Nicht alles funktioniert und manches wird schiefgehen. Deshalb ist es wichtig, dass sie auf ihrem Weg den Mut nicht verlieren und nach einem Fehlschlag wieder neu beginnen.

Der Mut zum Scheitern und das Akzeptieren eigener Schwächen kostet viel Kraft. Es ist gut, wenn sie sich gegenseitig unterstützen. Orientierung und Handlungssicherheit können sie bei jenen Älteren finden, die bei wichtigen Fragen ausreichend Erfahrung haben. Solche Ratgeber unter Älteren zu suchen, ist eine wichtige Aufgabe für die Jüngeren. Ebenso wichtig ist, diese Mentoren gut auszuwählen. Solche erkennt man daran, dass sie persönliches Wachstum ermöglichen, den Mut und das Gefühl von Selbstwert fördern. Auch und besonders dann, wenn sie etwas kritisieren.

Für die eigene Entwicklung stellte die 33-jährige serbische Architektin Vesela Tanaskovic, die mit „Afforrest4Future" ein preisgekröntes Modell zur Begrünung der Sahara entwickelt hat, während der NASA Space Apps Challenge 2017 drei persönliche Aufgabenfelder auf:

1. Erkenne immer den Erfolg der anderen an. Unser allerschlimmster Gegner ist die Furcht davor, nicht anerkannt zu werden.
2. Höre immer genau zu, wenn du Feedback bekommst. Sogar dann, wenn es negativ ist. Denn es hilft dir, besser zu werden.
3. Achte aber auch immer darauf, dass du selbst der- oder diejenige bist, der/die das Feedback bei sich selbst implementiert.

Das Aufgabenfeld der mittleren Generation

Die Generation im mittleren Alter sitzt im Sattel und kann mit ihren Lebensbedingungen umgehen. Sie weiß, wie der Hase läuft. Man ist nicht mehr nur für sich selbst verantwortlich und hat eine Familie. Routinen erleichtern die Erfüllung der eigenen Aufgaben und geben Raum für die Erweiterung des Blickfeldes. Man sieht mehr und weiter, weil sich der Blick allmählich abhebt von rein persönlichen Bedürfnissen.

Durch Erfahrung und Praxis steigt die Fähigkeit zur Koordination. Das ermöglicht, die „jungen Krieger zu führen", wie der Häuptling aus der Südsee meinte, und ihnen Halt zu bieten. Die mittlere Generation ist prädestiniert dazu, den Jüngeren Anerkennung und Achtung zu schenken, damit diese Selbstachtung, Halt und Sicherheit gewinnen können.

Die wichtigste Aufgabe der mittleren Generation im gemeinsamen Formationsflug ist die Anerkennung jedes Gedankens, jeder Regung in Denken und Handeln, die die Gemeinschaft zum Wohle aller fördert. Wenn unter den Jüngeren Freude, Miteinander und Loyalität wachsen, ist das ein Indiz dafür, dass diese Aufgabe gut erfüllt worden ist. Wem es gelingt, andere wachsen zu lassen und mehr zuzuhören, als selbst zu reden, der streicht selbst einen hohen Gewinn ein. Er wird als Autorität anerkannt und die damit verbundene Bestätigung erzeugt Sinn im Leben.

Das Problem ist, dass dieses Verhalten dem gängigen Standardmodell widerspricht. Überall wird der Einzelkämpfer belohnt, nicht derjenige, dessen Augenmerk auf das Wachstum anderer gerichtet ist. Diese Perspektive zu entwickeln, ist die erste Aufgabe der heutigen Generation in der Mitte des Lebens.

Das Aufgabenfeld der älteren Generation

Damit der Formationsflug der Generationen überhaupt Kraft generieren kann, sind die Älteren von entscheidender Bedeutung. Im besten Fall liefert ihre Lebenshaltung das Vorbild für Gemeinsamkeit, Achtung der Würde der anderen und Stolz auf den eigenen Beitrag zum gemeinsamen Weg.

Les Lewis arbeitet bei W. L. Gore, einem Unternehmen, das neue Wege zu gehen versucht. Er umreißt mit dem Bild der „Yellow Brick Road" das Aufgabenfeld der Älteren. „Wenn du von Menschen verlangst", so Lewis, „sie sollen den Weg gehen, den dein eigenes Wissen vorgezeichnet hat, werden sie von dir denken, dass du verrückt bist. Sie werden sich geistig verabschieden und in Deckung gehen. Stattdessen musst du sie begleiten und einen Ziegelstein nach dem anderen vor sie hinlegen – nicht, indem du eine Antwort draufschreibst, sondern Ideen und Informationen, und sie dann ihre eigenen Antworten finden lässt. Mit jedem dieser Ziegelsteine wird deine Glaubwürdigkeit wachsen." (Carney, Getz 2015)

Die erste Aufgabe für Ältere besteht darin, das eigene Älterwerden positiv zu erleben. Dem steht freilich die alte Idee des Verfalls im Alter entgegen. Diese wird im Zeitalter von Anti-Aging zu Zwecken des Konsums medial stark verbreitet. Sich dem entgegenzusetzen und den Fokus auf Kraft und Fähigkeit des eigenen Alters zu legen, erfordert etwas Mühe, die viele nicht auf sich nehmen.

Das ist paradox, denn tatsächlich sind Ältere heute sowohl körperlich wie auch geistig so fit wie noch nie zuvor in der Geschichte der Menschheit, wie beispielsweise eine Untersuchung der Sporthochschule Köln nachweist. Dort untersuchte der Sportmediziner Dieter Leyk 13.000 Marathonläufer zwischen 20 und 80 Jahren. Die Ergebnisse waren überraschend:

- Vor dem 55. Lebensjahr treten keine nennenswerten Leistungsverluste im Vergleich zu Jüngeren auf.
- Ein Viertel der 60- bis 70-Jährigen lief schneller als die Hälfte der 20- bis 50-Jährigen.
- Ein Drittel der 50- bis 60-Jährigen und ein Viertel der 60- bis 70-Jährigen hatte erst fünf Jahre vor dem Lauf mit dem Training begonnen.

Also in einer Zeit, wo man ältere Herrschaften eher im Park beim Taubenfüttern vermuten würde.

Viele althergebrachte Dogmen gelten nicht mehr. Etwa jenes, nach dem das Gehirn ab dem zwanzigsten Lebensjahr nur noch abbauen würde. Schon lange weiß man, dass das Gehirn nicht verfällt, sondern seine Leistungsfähigkeit behält. Neuronen wachsen bis ins hohe Alter nach (Korte 2014).

Wo allerdings Themen wie Demenz und Parkinson'sche Krankheit die öffentliche Debatte bestimmen, taucht vor dem geistigen Auge eine Schar seniler Senioren auf. Dieses Bild ist nicht nur falsch, es hat auch eine destruktive psychologische Wirkung. Sobald sich die Pension nähert, nehmen viele Verhaltensweisen an, die dem Vorurteil über das Alter entsprechen, nicht aber ihrem tatsächlichen körperlichen und geistigen Zustand. Sie vergreisen ohne wirkliche Notwendigkeit und gehen an den Möglichkeiten vorbei, die ihr Lebensalter bieten würde (Stieger 2017).

Zusammengefasst kann man davon ausgehen, dass heutige 60-Jährige in ihrer körperlichen und geistigen Leistungsfähigkeit dem Zustand entsprechen, in dem sich ihre eigenen Eltern mit etwa 45 Jahren befanden. Das schafft einen gewaltigen Raum, um die Aufgabe der Älteren im Zusammenspiel der Generationen zu erfüllen. Wenn die Kraft der Jungen sich verbindet mit der Koordinationsfähigkeit der mittleren und dem Überblick der Älteren, dann ist das Optimum an Orientierung erreicht. Ängste reduzieren sich auf ein Minimum, ebenso wie der Verschleiß an Energie für sinnlose Konkurrenzkämpfe. Dabei können Ältere die verschiedensten sozialen Funktionen übernehmen, wie beispielsweise:

- Mentor: Er begleitet andere Menschen durch die Klippen ihrer Biografie und hilft ihnen, sie selbst zu werden. Der Coach, der Irrwege, Widerstände, Ärger und Ängste überwinden hilft und Lebenssinn vermitteln kann.
- Brückenbauer: Er verbindet unterschiedliche Standpunkte. Er kann kollektive Kräfte bündeln und verstärken.
- Visionär: Er entwickelt Vorstellungen von der Zukunft, wie sie sein sollte. Solche Menschen helfen, im Unternehmen bessere Lösungen zu finden.
- Netzwerker: Er bringt verschiedenste Menschen zusammen, um Probleme zu lösen und Aufgaben zu erfüllen. Der klassische Teamleiter.

- Querdenker: Er lässt übliches Denken hinter sich, wagt es, Dinge noch einmal von vorne zu bedenken, und provoziert. Manchmal unangenehm, legt er den Finger auf die Wunden und hilft, Fehler zu beseitigen.
- Künstler: Er regt an, indem er seinen Gedanken freien Lauf lässt. Mit ihm zusammenzuarbeiten, löst nicht immer Probleme, aber es bringt neue Ideen ins Spiel.
- Unterstützer: Er gibt Hilfestellung, wo immer diese benötigt wird, ohne Gegengeschäfte zu erwarten. Der ideale Ausbilder, der das Selbstwertgefühl aller in seiner Umgebung fördert.

Zum Aufgabenfeld des Älteren gehört es nicht zuletzt, sich selbst den Lebenssinn zu erhalten. Nur wer eigenen Sinn erfährt, kann durch sein Beispiel helfen. Um dorthin zu kommen, gibt es keinen besseren Weg, als andere zu unterstützen und sich um den sozialen Zusammenhang zu kümmern. Auch hier bietet der „Formationsflug der Generationen" eine ideale Strategie.

Drei Geschichten der Orientierung

Wenn das Gefüge der Werte sich ändert oder gar auflöst, dann verschwinden die Leuchttürme, an die man sich bisher gehalten hat. Im Meer der Möglichkeiten sieht alles gleich aus und man weiß nicht mehr recht, wohin man sich wenden soll. Woran kann und soll man sich nun orientieren?

Situationen dieser Art hat es immer schon gegeben. Deshalb halten alle Weisheitslehren der Welt Geschichten für solche Fälle bereit. Davon darf man sich keine konkreten Anweisungen erwarten, doch liefern sie ein klares Bild davon, worauf zu achten ist, wenn die Handlungssicherheit verloren geht. Überall gibt es Geschichten, Märchen oder Legenden, die der Orientierung dienen. Drei Beispiele sollen das illustrieren.

Die Sache mit den Löffeln

Einmal geschah es, so erzählt eine chassidische Geschichte, dass Rabbi Hillel vom Propheten Elijah in die nicht sichtbare Welt geführt wurde, um diese kennenzulernen.

Elijah führte den Rabbi zunächst in einen großen Raum. In der Mitte dieses Raumes stand ein großer Kessel, in dem ein wunderbar duftendes Gericht köchelte.

Beim genaueren Hinsehen erkannte der Rabbi im Halbdunkel, dass Gestalten um den Topf herumsaßen.

Alle sehen abgemagert, krank und blass aus, denkt er erstaunt. Außerdem sitzen sie in Pfützen des am Boden verschütteten Gerichtes. Jeder dieser Menschen hält einen langen Löffel in der Hand, mit dem er versucht, etwas aus dem Topf zu fischen. Aber die Gestalten können nicht essen, denn die Löffel sind zu lang, um sie zum Mund zu führen. So bleiben alle Essensversuche zum Scheitern verurteilt.

„Welch seltsamer Raum war das?", fragt der Rabbi, als sie wieder gehen. „Das war die Hölle", antwortet Elijah.

Danach betreten sie einen zweiten Raum. Er sieht genauso aus. Wieder steht in der Mitte ein Topf, dem derselbe himmlische Duft entströmt. Wieder sitzen ringsum Gestalten. Sie halten die gleichen langen Löffel in der Hand, die man nicht zum Munde führen kann. Aber etwas ist anders: Diese Leute sehen gesund aus, gut genährt und glücklich. Die Luft ist erfüllt von Gesprächen und Lachen.

„Was ist hier los?", fragt der Rabbi. Dann sieht er genauer hin und erkennt, dass diese Menschen sich den langen Löffel gegenseitig zum Munde führen. Da weiß Rabbi Hillel, wo er sich befindet.

Die Lehre des nachdenklichen Íñigo

Die zweite Geschichte hat sich tatsächlich im christlichen Nordspanien zu Beginn des 16. Jahrhunderts zugetragen. Auch in ihr geht es darum, woran man sich halten kann, wenn die Orientierung verloren gegangen ist. Sie wird bis heute erzählt und hat große Wirkung entfaltet.

Íñigo war der Jüngste von dreizehn Kindern einer Familie aus niederem Adel. Lesen und schreiben konnte er zwar, gebildet war er aber nicht. Wie viele jungen Männer seines Standes war er von leidenschaftlichem Charakter – tollkühn, egozentrisch, perfektionistisch und überheblich. Raufhändeln ging er nicht aus dem Weg und schnell war der Degen in der Hand.

Als im Jahr 1521 eine französische Armee von zwölftausend Mann das baskische Pamplona belagerte, wurde Íñigo schwer verletzt. Eine Kanonenkogel brach ihm das Bein. Die Franzosen nahmen ihn zwar gefangen, aber sie behandelten ihn gut und pflegten ihn. Ein Jahr lag er auf dem Krankenlager und den Rest seines Lebens sollte er hinken.

Während dieser Zeit kam der Bettlägrige ins Grübeln und dachte über den Sinn des Lebens nach. Eines Tages dachte er bei sich, dass alles Übel, das Menschen ein-

ander auf der Welt zufügen, in irgendeiner Weise der Angst entspringt. Wo dieser Geist weht, bringt er Zorn, Neid, Missgunst, Kummer, Gier, Selbstmitleid, Schuld und das Gefühl der Minderwertigkeit.

Als sinnenfroher Mensch waren ihm Freude, Begeisterung, Hochgestimmtheit und Vergnügen wohlbekannt. Ihm fiel auf, dass Angst und Freude niemals zusammen auftreten. Daraus schloss er, dass zwei Geister diese Welt regieren, ein guter und ein böser Geist.

Ganz in der Sprache seiner Zeit drückte er das so aus: Der gute Geist bringt Freude, Hoffnung, Gelassenheit, Freundlichkeit, Leidenschaft und Wohlwollen. Der böse Geist dagegen drückt uns in Hass, Neid, Missgunst, Kummer, Gier, Selbstmitleid, Schuld, Ausgrenzung und Minderwertigkeit. Den guten Geist nannte er Gott und den bösen Geist Satan.

Als er wieder zu Kräften gekommen war, machte er sich auf, um fortan dem guten Geist dabei zu helfen, auf der Welt wirksam zu werden.

Interessant ist an dieser Geschichte nicht nur, dass sie historisch verbürgt ist. Viel wichtiger ist die Beobachtung, dass der Geist des Guten für ein gedeihliches Miteinander steht und der menschlichen Bemühung bedarf, um diese Qualitäten lebendig werden zu lassen.

Der junge Adlige war Íñigo López de Loyola (1491–1556). Er war Offizier im Heer von Kaiser Karl V (1500–1558). Basierend auf seiner Einsicht, gründete er später in Paris den Orden der Jesuiten.

Der Großvater und die beiden Wölfe

Eine vergleichbare Geschichte erzählen sich die Lakota-Sioux Nordamerikas:

Eines Abends saß der alte Häuptling mit seinem Enkel am Lagerfeuer. Der Kleine erzählte seinem Großvater von den Erlebnissen des Tages, darunter auch von einem Streit mit einem anderen Jungen. Man merkte ihm den Zorn noch an. Geduldig hörte der Großvater zu und blickte dabei ins Feuer. Lange schwieg er.

Schließlich sah er den Jungen an und sprach: „Du musst wissen, dass in jedem Menschen zwei Wölfe miteinander kämpfen. Der eine ist voller Wut, Zorn und Angst. Der andere ist voll Freude, Hoffnung und Gelassenheit."

Da fragte der Enkel: „Und welcher Wolf gewinnt den Kampf?" Der alte Häuptling stocherte ein wenig in der Glut, ehe er antwortete: „Der, den du fütterst!"

„Wie werde ich eine gute alte Elefantin?"

Als ich mit den Arbeiten zu diesem Buch begann, traf ich Urska, die in einer Nebenorganisation der US-Raumfahrt arbeitet. Sie sagte: „Ich bin jetzt 39 Jahre alt, habe drei Kinder, die noch klein sind, und arbeite viel. Bei all dem habe ich wenig Zeit und es ist für mich in diesem Augenblick noch zu früh. Aber ich würde gerne wissen, was ich tun muss, um später eine gute alte Elefantin zu werden."

Im Gespräch mit ihr zeigte sich, dass es um die Entwicklung einer besonderen Haltung geht. Jeder Mensch ist anders und lebt in einem eigenen Umfeld. Checklisten, wie sie für einen technischen Zugang üblich wären, funktionieren daher nicht. Menschen können nicht entwickelt werden. Sie können sich nur selbst entwickeln.

Dafür brauchen sie einen geistigen Raum. Und für diesen lassen sich Prinzipien ableiten, die als Leitplanken dienen können. Als Ergebnis unseres Gespräches ergaben sich folgende Übungen:

- Du bist nicht allein. Beobachte andere und erkenne, dass alle genauso unsicher sind wie du selbst. Sieh hinter ihre Maske, insbesondere dann, wenn sie Stärke demonstrieren.
- Höre gut zu. Verwende dazu auch die Augen und folge deiner Intuition. Stärkt dein Gegenüber dich oder gibt es dir ein Gefühl von Unterordnung und Minderwertigkeit?
- Sei positiv. Bleibe dabei Mensch und gestatte dir selbst, dass gelegentlich negative Gedanken auftreten. Niemand kann immer positiv sein.
- Wenn dich jemand um Rat fragt, so denke an seinen Nutzen. Belohne damit das Vertrauen, das dir auf diese Weise entgegengebracht wurde.
- Trachte danach, alle Menschen auf Augenhöhe zu behandeln. Auch dann, wenn du glaubst, etwas besser zu können.
- Achte stets darauf, dass du den guten Geist förderst.
- Sprich aus, was du denkst, und sei klar in der Richtung. Aber achte darauf, die Würde deines Gegenübers nicht zu verletzen.
- Fördere den Formationsflug der Generationen, wo immer du es vermagst. Entwickle ein Gefühl für spezifische Stärken und fördere sie, wo es dir möglich ist.
- Mach es wie der Kolibri und überfordere dich nicht damit, die ganze Welt retten zu wollen. Trage jenen Teil bei, der dir möglich ist.

Dank

Kein Mensch ist eine Insel. Ein Buch zu schreiben ist keine Aufgabe, die ein Einzelner alleine bewältigen kann. Es braucht viele Gespräche, um ein neues Thema zu entwickeln. Ohne die Menschen, die mir zur Seite standen und mir in Beratungen und Coachings ihre Ideen, Sorgen und Nöte erzählten, wäre dieses Buch nicht entstanden. Ihnen allen bin ich dankbar für ihr Vertrauen.

Einigen von ihnen bin ich besonders verbunden. So wies mich mein Verleger, Georg Hauptfeld, auf die gesellschaftliche Relevanz dieses Themas hin. Petra Hauptfeld-Göllner gab mir die Möglichkeit, das Thema mit ihren Studenten zu diskutieren, und las das Manuskript. Es war mir wichtig, dass Menschen aller erwachsenen Lebensalter die Möglichkeit bekamen, ihre Meinung zu äußern. Heinz Modlik, Urska Starc Peceny, Lucas Pawlik, Janos und Andrea Szurcsik, Ingrid Famula, Eva Rohrer, Franz Brunner, Michael Shea, Rainer und Christine Richter, Kurt Nöhmayer und viele andere setzten sich langen Diskussionen mit mir aus, diskutierten Manuskripte und unterstützten mich mit ihren Ideen.

Besonders hervorzuheben sind Katharina Vogler und Sebastian Vogler als ebenso junge wie auch unerbittliche Kritiker. Auf der betagten Seite standen Elisabeth Paulin und Maria Vogler, die beide ihr neunzigstes Lebensjahr überschritten haben.

Kira Cassidy vom Yellowstone Wolf Project unterstützte mich sofort, zumal ihr selbst dieses Thema sehr am Herzen liegt. Ebenso Johann Fritz vom Waldrappteam, der Ethnologe Robert Schmid, die Architektin Vesela Tanaskovic und Wilhelm Heißenberger.

Besonderer Dank gebührt meiner Frau Gertrude, die mich während der Zeit der Entstehung des Buches mit unendlicher Geduld ertrug und des Korrekturlesens niemals müde wurde.

Zuletzt ist es mir ein Bedürfnis, jene „Alten Elefanten" zu würdigen, die mich in jungen Jahren dazu ermutigten, eigenständig zu denken und stets das Wagnis einzugehen, unklare Fragen noch einmal von vorne zu bedenken. Zu erwähnen ist hier insbesondere mein Lehrer Werner Drudik, der uns zeigte, dass Mathematik eine Sprache und keine Wahrheit ist. Carlos Bousoño Prieto von der Universidad Complutense de Madrid, der mir zeigte, dass die Welt durch sprachliche Bilder erst verstehbar wird. Pablo Frade Perdomo von der Universidad de Las Palmas de Gran Canaria, der mich kurz und bündig in die Welt der Philosophie einführte. Und schließlich die stets quirlige Elena Catena Lopez, ebenfalls Complutense de Madrid, die als Feministin der ersten Stunde gegen das Franco-Regime auftrat und uns damaligen Studenten vorlebte, dass Lebenssinn erst entsteht, wenn man für seine eigenen Überzeugungen eintritt.

Kontakt

Das Zusammenspiel der Generationen ist trotz aller Wichtigkeit ein bisher kaum behandeltes Thema. Wir arbeiten ständig weiter an Programmen und Publikationen zur Förderung dieses Zusammenspiels. Jede Anregung ist uns dafür wichtig und wertvoll. Wenn Sie uns Ihre Gedanken und Fragen mitteilen wollen, so können sie hier mit uns in Kontakt treten: mail@kultur-design.at

Literaturverzeichnis

Aberth, John: From the Brink of the Apocalypse: Confronting Famine, Plague, War and Death In the Later Middle Ages. New York 2000.

Albert, Mathias u. a.: 17. Shell Jugendstudie. TNS Infratest Sozialforschung, Hamburg 2015.

Bauer, Joachim: Prinzip Menschlichkeit. Warum wir von Natur aus kooperieren. Hamburg 2006.

Behar, Doron: The Dawn of Human Matrilineal Diversity. 2008.

Bohde, Sabine: Die vergessene Generation. Die Kriegskinder brechen ihr Schweigen. Stuttgart 2014.

Bohde, Sabine: Nachkriegskinder. Die 1950er Jahre und ihre Soldatenväter. Stuttgart, 2016.

Bude, Heinz: Gesellschaft der Angst. Hamburg 2014.

Calmbach, Marc et al.: Wie ticken Jugendliche 2016? Lebenswelten von Jugendlichen im Alter von 14 bis 17 Jahren in Deutschland. Wiesbaden 2016

Campbell, Joseph: The Hero with a Thousand Faces. San Francisco 2008.

Carney, M. B., Getz, I.: Freedom, Inc. How Corporate Liberation Unleaches Employee Potential and Business Performance. New York 2009.

Cassidy, Kira, e. a.: Group composition effects on aggressive interpack interactions of gray wolves in Yellowstone National Park. In: Behavioral Ecology, Volume 26, Issue 5, 1. September 2015, S. 1352–1360.

Chauvel, Louis: La spirale du déclassement. Essay sur la société des illusions. Paris 2016.

Dueck, Gunter: Schwarmdumm: So blöd sind wir nur gemeinsam. Frankfurt 2015.

Ermann, Michael: Stumme Zeugen. Über die (Un-)Fähigkeit, die Kriegskindheit zu betrauern. In: Wellendorf, F., Wesle, Th. (Hg.): Über die (Un-)Möglichkeit zu trauern. Stuttgart 2009.

FAZ: Die Alten wählten den Brexit – die Analyse. 24. 6. 2016.>

Fisher, Len: Schwarmintelligenz. Wie einfache Regeln Großes möglich machen. Frankfurt 2010.

Fleming, Peter: Death of Homo Oeconomicus. London 2017.

Foucault, Michel: Die Sorge um sich. Sexualität und Wahrheit. Frankfurt 1986.

Fukujama, Francis: Das Ende der Geschichte. Wo stehen wir? München 1992.

Generation What? Studie der europäischen Rundfunkanstalten. Europäischer Abschlussbericht unter www.generation-what.eu

Gronemeyer, Marianne: Das Leben als letzte Gelegenheit. Darmstadt 1993.

The Guardian: Revealed: the 30-year economic betrayal dragging down Generation Y's income. 7. 3. 2016.

Guardini, Romano: Die Lebensalter. Ihre ethische und pädagogische Bedeutung. Mainz 1986.

Guwak, B., Strolz, M.: Die vierte Kränkung. Wie wir uns in einer chaotischen Welt zurechtfinden. Berlin 2012.

Heinzelmaier, B., Ikrath, P.: Generation Ego. Die Werte der Jugend im 21. Jahrhundert. Wien 2013.

Heller, Agnes: Von der Utopie zur Dystopie. Was können wir uns wünschen? Wien/Hamburg 2016.

Hengstschläger, Markus: Die Durchschnittsfalle. Gene – Talente – Chancen. Salzburg 2012.

Herking, Ursula: Danke für die Blumen. Damals gestern heute. München 1973.

Holder, Martin: Die Kepler-Ellipse. Eine alte Geschichte neu erzählt. Siegen, 2015.

Hüther, Gerald: Was wir sind und was wir sein könnten. Ein neurobiologischer Mutmacher. Frankfurt 2011.

Jordan, William C.: The Great Famine: Northern Europe in the Early Fourteenth Century. Princeton 1996.

Kegan, Robert: In Over Our Heads: The Mental Demands of Modern Life. Harvard 1995.

Kegan, Robert, Laskow Lahey, Lisa: Immunity to Change. How to overvome it and unlock the potential in yourself and your organisation. Harvard 2009.

Kingsley, Peter: Die Traumfahrt des Parmenides. Die mystischen Wurzeln der westlichen Zivilisation, Frankfurt 2000

Kittlitz, Alard von: Generation Y: Ihr macht uns arm! Die Zeit, Nr. 21/2016.

Korte, Martin: Jung im Kopf. Erstaunliche Einsichten der Gehirnforschung in das Älterwerden. München 2014.

Lakov, G., Wehling, E.: Auf leisen Sohlen ins Gehirn. Politische Sprache und ihre heimliche Macht. Heidelberg 2016

Le Goff, Jacques: Geschichte ohne Epochen? Darmstadt 2016.

Lévi-Strauss, Claude: Das wilde Denken. Berlin 1973.

Liebling, Allison. In: Trusting Inmates. BBC Radio 4, 48, 6. 11. 2016.

Lovelock, James: The Ages of Gaia. A biography of our living Earth. Oxford 1988.

Mannheim, Karl: Das Problem der Generationen, in: Kölner Vierteljahrshefte für Soziologie 7 (1928).

Meyer, Jens Uwe: Dann sind Sie kreativ tot ... Manager Magazin. 9. September 2016.

Miegel, Meinhard: Hybris. Die überforderte Gesellschaft. Berlin 2014.

Mitscherlich, Alexander und Margarete: Die Unfähigkeit zu trauern. Grundlagen kollektiven Verhaltens. München 1997.

Nachtwey, Oliver: Die Abstiegsgesellschaft. Über das Aufbegehren in der regressiven Moderne. Berlin 2016.

The New York Times: As Young Lose Interest in Cars, G.M. Turns to MTV for Help. 22. 3. 2012.

Ogien, Albert: Désacraliser le chiffre dans l'évaluation du secteur public. Versailles 2013.

Opoczynski, Michael: Krieg der Generationen: und warum unsere Jugend ihn bald verloren hat. Gütersloh 2015.

Penny, Laurie: I want my country back! New Statesman, 24. Juni 2016.

Potts, Richard: The Consequences of Ecological Instability. New York 1997.

Richter, Sandra: Lob des Optimismus. Geschichte einer Lebenskunst. München 2009.

Spiegel online: Jung wählt Clinton, alt wählt Trump. 9. 11. 2016.

Spitzer, Manfred: Lernen. – Gehirnforschung und die Schule des Lebens. Heidelberg 2002.

Stieger, Joachim: Pension – Lust oder Frust? Wien 2017.

Thimm, Katja: Vatertage. Eine deutsche Geschichte. Frankfurt 2011.

Voelkl, Bernhard u. a.: Matching times of leading and following suggest cooperation through direct reciprocity during V-formation flight in ibis. In „PNAS", Februar 2015.

Vogler, Michael: Meisterhaft führen. Führungsenergie entwickeln – Gemeinsamkeit gestalten. München 2012

Vogler, Michael: Mensch bleiben trotz Leistungsgesellschaft? Kooperation verlangt ein anderes Leistungsmodell. In: Hernsteiner 4/1993.

Vogler, Michael: Zwerge, die auf den Schultern von Riesen stehen. Das Drehbuch des abendländischen Denkens. München 2012.

Wehling, Elisabeth: Politisches Framing. Wie eine Nation sich ihr Denken einredet – und daraus Politik macht, Köln 2016

Willeke, Stefan: Generation Y: OOOOOOOOCH! Die Zeit, Nr. 22/2016.

Die Zeit: Generation Y – Sie erfüllen die Erwartungen einfach nicht. Nr. 33, 16. 8. 2016.